ZIEH DICH ENDLICH AN !!!

Elisa Kordenbrink

Elisa Kordenbrink

ZIEH DICH ENDLICH AN !!!

In der Erziehung die Ruhe bewahren.
Schreien muss und soll nicht sein.

1. Auflage
Autor: Elisa Kordenbrink
Covergestaltung: Michael Kubacki

Bibliografische Information der Deutschen Nationalbibliothek
Die Deutsche Nationalbibliothek verzeichnet diese Publikation in der Deutschen Nationalbibliografie; detaillierte bibliografische Daten sind im Internet über http://dnb.dnb.de abrufbar.

Inhalt

In der Erziehung die Ruhe bewahren

Schreien muss und soll nicht sein

Wer Kinder hat, weiß, dass Erziehung eine Herausforderung ist, bei der es des Öfteren eine gute Portion Beherrschung braucht. Wer Kinder hat, ist aber auch Mensch und dementsprechend nicht immer in der Lage, Gefühle und Reaktionen zu 100% zu kontrollieren. Wenn die Nerven strapaziert werden, kann es schnell passieren, dass man laut wird.

Ganz nüchtern und im Grunde betrachtet, ist Laut - werden jedoch gar nicht nötig, sondern vielmehr kontraproduktiv. In der Regel resultiert das Laut - werden nicht aus einer rationalen Entscheidung, sondern kommt von der emotionalen Ebene. Und diese ist nun mal nicht in der Lage, rational zu funktionieren.

Kinder zu haben, bedeutet, sein eigenes Befinden zu einem gewissen Teil zurückzustellen. So auch in dieser Angelegenheit, bei der Sie Ihr, eigentlich gutes, Recht, Ihrem Druck nachgeben zu dürfen, hinter das Bedürfnis des Kindes nach angemessenem Verhalten Seitens der Eltern, zurückstellen müssen. Menschen, die aus irgendeinem Grund sehr stark auf ihre eigenen Bedürfnisse fixiert sind, fällt das umso schwerer. Und je stärker die eigenen Bedürfnisse im Vordergrund stehen, desto weniger zählen die des Kindes. Desto weniger rational werden natürlich auch die Reaktionen des Elternteils.

Da Sie sich offensichtlich bereits aktiv darum bemühen, Ihrem Kind ein möglichst förderliches Verhalten entgegenzubringen, gehören Sie wohl eher nicht zu diesen Menschen. Das ist schon mal gut, jedoch ist auch in gegensätzlicher Richtung das Maß von großer Bedeutung. Auch Gutes ist nur im richtigen Maße gut.

Warum eine Erziehung ohne Schreien weitaus förderlicher ist, wie Sie es schaffen können, sich selbst entsprechend unter Kontrolle zu halten/bekommen, und was Sie damit bewirken können, lernen Sie in diesem Buch.

Es ist nämlich durchaus möglich, sowohl seinen Kindern, als auch sich selbst gerecht zu werden. Sowohl auf sachlicher, als auch auf emotionaler Ebene. Nur so kann sich eine Familie im Gleichgewicht halten und ein (relativ) friedliches Familienleben, von denen alle Mitglieder profitieren, stattfinden. Dafür ist es vielleicht erst einmal hilfreich, beim Grundlegenden zu beginnen und die Frage genauer zu klären, warum und wie wir eigentlich laut werden.

Wie und warum wir die Nerven "verlieren"

Im ersten Moment erscheint diese Fragestellung ganz einfach zu beantworten, doch nicht, wenn man tiefer gräbt und dem Ganzen auf den Grund geht.

Wenn wir beginnen, die Stimme zu erheben, dann stecken dahinter natürlich Emotionen/Gefühle, die sich Ausdruck verleihen wollen, allen voran die Wut. Diese können wir auch als Überbegriff behandeln, unter der beispielsweise auch die Hilflosigkeit ihren Platz findet.

Wut hat verschiedene Ausdrucksformen, von denen eine das Schreien/Laut - werden ist. Aber was ist Wut eigentlich genau?

Sie wird auch Basis - oder Primäreffekt genannt und tritt in gehäufter Form im Trotzalter, also von etwa 2 Jahren, auf. Es handelt sich um eine intensivere Variante von subjektivem Ärger, welcher ab einer bestimmten Intensität auch mit aggressiven Impulsen einhergehen kann. Genau wie alle anderen Gefühle ist auch die Wut vor allem psychobiologisch bedingt und dient im Grunde dazu, die eigenen Grenzen zu sichern und den eigenen Lebensraum zu erweitern/verteidigen.

Die Entstehung von Wut ...

funktioniert nach einem Grundprinzip, das es erst einmal zu verstehen gilt. Wut kommt immer dann, wenn wir mit etwas konfrontiert werden, das wir als Zumutung empfinden. Meist ist das etwas in dem Moment Unerwartetes, auf das wir uns mental nicht ausreichend vorbereiten konnten. Das WLAN funktioniert gerade nicht, der Bus verspätet sich, der Autofahrer vor Ihnen fährt nur 60 km/h bei einer Geschwindigkeitsbegrenzung von 100, Ihr Kind tut nicht das, was Sie wollen/sagen, etc.. Sie kennen das wahrscheinlich und könnten diese Liste wohl noch um einige Punkte erweitern.

Aber diese Situationen allein führen noch nicht zur Wut, machen uns höchstens genervt. Dazu gehört noch mehr, und zwar die Erwartungshaltung. Menschen, die schnell wütend werden, sind im Grunde genommen eigentlich sehr optimistische Gemüter. Hört sich vielleicht etwas paradox an, aber tatsächlich scheint das so zu sein. Es macht sie wütend, weil ihre positive Erwartung nicht bestätigt oder ein als sicher empfundenes Vorhaben unerwartet durchkreuzt wird. Wenn ich aber von Anfang an schon erwarte, dass etwas schiefgehen könnte, gehe ich auch gelassener mit solchen Situationen um. Dann nervt mich die "lahme Ente" da vorne vielleicht, aber ich werde deshalb so ohne Weiteres wohl eher keinen Wutanfall bekommen. So kann man vielleicht der Hilflosigkeit unter dem Überbegriff "Wut" auch noch die Enttäuschung hinzufügen. Etwas, von dem wir glauben, dass es uns absolut zusteht, bekommen wir nicht oder wird uns genommen. Das, und dass wir diese Tatsache zumindest gefühlsmäßig nicht verstehen, ist es, was uns wütend macht. Denn in diesen Momenten entsprechen die tatsächlichen Gegebenheiten nicht den Regeln, Grundannahmen, Normen und/oder Wertvorstellungen unserer Welt. Und damit meine ich nicht die Welt, sondern unsere kleine, eigene Welt, die jeder von uns hat. Auch hier, auf der Straße unseres Beispiels, prallen zwei Welten aufeinander, von denen sich aber nur eine angegriffen sieht, nämlich die des Wütenden.

Wenn wir das nun mal auf die Situation zwischen Elternteil und Kind übertragen, lassen sich die Parallelen recht gut ziehen. Nur dass hier 3 Welten aufeinandertreffen. Einmal die beiden kleinen von Elternteil und Kind, und einmal die Realität in Form der Situation.

Erwartungshaltung

Sie als Elternteil erwarten vom Kind natürlich, dass es auf Sie hört. Sie sind ja schließlich die Mutter/der Vater. Auch wenn sich das jetzt vielleicht etwas hart liest, ist es doch eigentlich so, dass man als Elternteil oder Erziehungsberechtigter davon ausgeht, dass es einem zusteht, dass das Kind gehorcht. Um sich das einzugestehen, muss man aber sehr ehrlich zu sich sein und in sich hinein spüren. Es ist keine Schande, solche Gefühle und Erwartungen zu haben, denn immerhin ist man Mensch. Entscheidend ist, inwiefern diese Erwartungen für voll genommen und letztlich nach außen getragen werden. Mit Ihrem Verstand filtern Sie, im Optimalfall, ja quasi Ihre zunächst irrationalen Gefühle, bevor Sie agieren oder reagieren. Nur klappt das eben nicht immer, wie z.B. wenn Sie laut werden.

Die Situation

Ihr Kind verhält sich auf eine Weise, die nicht in Ihre Welt passt. Es erfüllt in dem Moment nicht Ihre Erwartungshaltung, nämlich dass Sie Ihr Kind immer im Griff haben und es auf Sie hört. Wenn Sie nun die Grundeinstellung hätten, dass Kinder auch mal entgleisen können, ohne dass es an Ihnen als Elternteil liegen muss, und ohne dass das Kind etwas im Schilde führt, würden Sie höchstwahrscheinlich anders reagieren. Aber diese Grundeinstellung lässt sich nicht von heute auf morgen generieren, sondern braucht Zeit und Übung. Dazu mehr im Ratgeber - Teil.

Da Wut auch aus der Hilflosigkeit entstehen kann, möchte ich auch noch kurz darauf eingehen. Die eben geschilderten Situationen beziehen sich eher auf Wut aus Enttäuschung. Jemand, der hilflos ist, muss logischerweise auf sich aufmerksam machen, um Hilfe zu bekommen. Mittel der Wahl kann es sein, die Stimme zu erheben, um gehört zu werden. Falls das nicht funktioniert, gibt es auch noch die Möglichkeit, aggressive und damit auffällige Verhaltensweisen an den Tag zu legen, wobei Schreien allein schon etwas Aggressives hat. Manch einer fängt klein an und steigert sich dahingehend, und manch einer steigt gleich auf höherer Stufe ein und rastet sofort aus.

Es geht hierbei nicht darum, Wut und Ärger zu unterdrücken bzw. gegen sie zu arbeiten, sondern sie auf geschickte Weise so in Ihre Welt zu integrieren, dass Sie sie besser kontrollieren können. Denn Fakt ist, dass jedes einzelne Gefühl seine Daseinsberechtigung und seinen Sinn hat, so auch Wut und Ärger. Ganze Systeme in unserem Gehirn sind damit beschäftigt. Unterdrückung führt nur zum Gefühlsstau und früher oder später zum geballten Ausbruch, in welcher Form auch immer (es gibt viele mögliche Formen nach Innen oder nach Außen: z.B. diverse psychische Erkrankungen/Probleme, Gewaltausbrüche, Selbstverletzung, etc.).

Weiter gibt es verschiedene Arten von Wut an sich. Die impulsive, die einen fühlen lässt, als könne man nicht mehr lange an sich halten. Die selbstgerechte, die uns dann heimsucht, wenn wir uns ungerecht behandelt fühlen (ob gerechtfertigt oder nicht), die es in uns brodeln lässt. Und natürlich die, die wir aus Verzweiflung wie z.B. aus Hilflosigkeit, verspüren. All diese Empfindungen gehen letztlich von unserem Gehirn aus. Sie sollen uns helfen, auf Bedrohungen und Gefahren zu reagieren, ähnlich wie die Angst. Dass es oft keiner Wut mehr bedarf, weil solche Situationen oft eben keine wirklichen Bedrohungen und Gefahren darstellen, weiß der zuständige Bereich im Gehirn ja nicht, weil er nicht dem Bewusstsein unterliegt. Ein Überbleibsel unserer Evolution.

Wie Gefühle funktionieren: Die neuronale Ebene

Da Wut ein Gefühl, eine Emotion, ist, möchte ich nun noch einmal näher auf Funktion und Funktionsweise von Gefühlen im Allgemeinen eingehen. Auch das gehört dazu, wenn man seine eigene Gefühlswelt und somit irrationale Reaktionen verstehen und beeinflussen möchte. Schreien ist eine solche irrationale Reaktion. Zudem werde ich später Begriffe und Zusammenhänge verwenden, die Sie nur verstehen können, wenn Sie das nötige Hintergrundwissen besitzen.

Zunächst werden im sogenannten limbischen System die Gefühle generiert. Dieses funktioniert unabhängig vom Bewusstsein. Dieses System setzt sich aus verschiedenen Hirnarealen zusammen, die eng miteinander vernetzt sind, jedoch nicht unbedingt eine räumliche Nähe zueinander aufweisen. Ausgesendet werden Signale in Bereiche des Großhirns und des Hirnstamms. Zu den wichtigen Bestandteilen des limbischen Systems gehören unter anderem:

- der Hippocampus (zentrale Schaltstation d. limb. Systems),
- die Amygdala (der Mandelkern: Verarbeitung von extremen Impulsen, beteiligt an Konditionierung von Angst, wichtige Rolle bei der Wiedererkennung und emotionalen Bewertung von Situationen sowie bei der Gefahreneinschätzung),
- der Mammillarkörper (Genaues ist nicht bekannt, vermutet wird eine Rolle bei Gedächtnisvorgängen),
- die Gürtelwindung (Mitgefühl und emotionale Bindungen sind hier lokalisiert, ist beteiligt an Gedächtnis, - und Lernprozessen sowie an der Entstehung und Verarbeitung von Emotionen, zudem wichtig für die emotionale Bewertung der äußeren Umwelt und die Verbindung derer mit der inneren Gefühlswelt)
- bestimmte Kerngebiete des Thalamus' (Bekannt ist, dass bei Schädigung bzw. Ausfallerscheinungen dieser Kerne es zu Gedächtnis - und Wahrnehmungsstörungen kommen kann.)
- sowie die Fornix (wesentlich an Lernprozessen beteiligt: Einspeicherung von Gedächtnisinhalten vom Kurzzeitgedächtnis ins Langzeitgedächtnis)

Neben dem limbischen System spielt auch die Hirnrinde, der sogenannte Cortex, eine bedeutende Rolle. Erst durch sie/ihn werden Gefühle spürbar. Der Cortex hat verschiedene Bereiche, die uns durch ihre Aktivität verschiedene Gefühle bewusst machen.

Wenn wir Gefühle einmal aus Sicht der Evolution betrachten, dann sind sie nichts anderes als Mittel und Wege des Körpers, bestimmte Umweltreize zu beurteilen, um entsprechend darauf reagieren zu können. Auch deshalb heißt es, dass jedes Gefühl seinen Sinn hat.

Das limbische System generiert ständig Gefühle, jedoch von uns erst einmal völlig unbemerkt. Erst wenn die Signale nach dem langen Weg durch das limbische System im Cortex angelangt sind, werden wir uns den entsprechenden Gefühlen bewusst. Nicht immer kommt es dazu, und so nehmen wir viele Gefühle, die so in uns sind, lange nicht, oder gar nicht, als solche wahr. Vielleicht spüren wir, dass etwas nicht stimmt, jedoch wissen wir nicht immer, welche Gefühle dahinterstecken.

Der Ablauf (grob geschildert)

Gehen wir einmal zurück zum Sonntagsfahrer, der es wagt, die Straße zu blockieren. Eigentlich gehört es zu den Aufgaben der Großhirnrinde, die Amygdala unter Kontrolle zu halten, um ein vernünftiges und bedachtes Handeln zu ermöglichen. Nun ist es aber so, dass die Schlaftablette da vorne Ihre Pläne durchkreuzt oder Ihre optimistischen Erwartungen mit Füßen tritt. Diese Information wird über die Augen zunächst an den Thalamus weitergeleitet, und von da aus an Amygdala und Großhirnrinde. Entschieden wird in/an der Amygdala, ob es sich bei dieser Angelegenheit um eine inakzeptable Unverschämtheit handelt, oder nicht. Wenn ja, dann kann auch die Großhirnrinde oft nichts mehr ausrichten, denn die Amygdala ist schneller in der Reaktion. Der Hypothalamus wird aktiviert, welcher dann Alarm ausruft und den Körper entsprechend reagieren lässt. Und so passiert es, dass Sie dem Sonntagsfahrer viel zu viel Bedeutung verleihen und so völlig überreagieren.

Der Weg der Signale vom Thalamus zur Hirnrinde, woran Sehrinde, Hippocampus sowie der präfrontale Cortex (PFC) beteiligt sind, läuft im Vergleich zu den anderen Vorgängen deutlich langsamer ab. Die aktivierte Sehrinde lässt uns die Situation optisch wahrnehmen (je nachdem kann es auch jedes andere Sinnesorgan sein), der Hippocampus ruft entsprechende Gedächtnisinhalte ab. In letzterem werden frühere Erlebnisse mit der aktuellen Situation verglichen. Im Idealfall werden die Gefühle im präfrontalen Cortex in das Gesamtbild integriert und Schlüsse für die beste Reaktion aus jenem gezogen. Doch, wie gesagt, kann der PFC unter Umständen nicht verhindern, dass Gefühle auch mal ungefiltert und somit unkontrolliert nach außen getragen werden.

Es ist umstritten, ob bei verschiedenen Gefühlen auch verschiedene Aktivitätsmuster im Gehirn stattfinden. Im Großen und Ganzen kann man die Gehirnaktivitäten jedoch miteinander vergleichen, da sie sich stets innerhalb des limbischen Systems und des Cortex' abspielen. Grundsätzlich kann man die Abläufe der Aktivitäten des limbischen Systems auch auf die Gehirne anderer Tiere übertragen, jedoch geht die Kontrolle zumindest beim Menschen noch ein Stück weiter. Wir können nämlich verstehen, was mit uns passiert, weil wir durch die Aktivierung der Hirnrinde unsere Gefühle bewusst wahrnehmen können. Im Übrigen können bei uns auch Gedanken Einfluss nehmen.

Gefühle und Bewusstsein

Dass es möglich ist, die eigene Gefühlsregulation bewusst zu beeinflussen, zeigt die in Studien festgestellte Tatsache, dass eine konsequente Konfrontationstherapie bei Angstpatienten dazu führt, dass die Angst bezüglich des entsprechenden Themas zurückgeht. Dabei wurde beobachtet, wie die Aktivität der Hirnrinde auf bestimmte Weise anstieg, wodurch die Situation neu und diesmal logischer bewertet wurde. Auch gab es eine Studie, die aufzeigte, dass die Betrachtung eines Fotos positivere Gefühle verursachte, wenn dieses mit Blick bzw. Augenbewegung nach rechts betrachtet wurde. Dies liegt laut den entsprechenden Wissenschaftlern wohl daran, dass beim Blick nach Rechts die linke Gehirnhälfte aktiv ist, während bei einem Blick nach Links die rechte aktiviert wird. Die linke Gehirnhälfte ist grundsätzlich mehr in positive Gefühle involviert, als die rechte. Die rechte mehr in negative. Also können wir anscheinend sogar allein mit der Blickrichtung unsere Gefühle beeinflussen.

Die Macht der Gefühle

Wie mächtig Gefühle sind, zeigt z.B. eine Studie, in der Probanden - Gruppen verschiedene Bilder nur für einen kurzen Augenblick gezeigt bekamen. Der einen Gruppe wurden ekelerregende Bilder vorgelegt, der anderen furchterregende. Eine dritte Gruppe, die sogenannte Kontrollgruppe, bekam neutrale Bilder zu Gesicht. Die kurzen Augenblicke reichten nicht aus, um die Informationen bewusst wahrzunehmen, und trotzdem gingen erstaunliche Reaktionen daraus hervor. Die Menschen aus der "Furcht - Gruppe" lehnten anschließend in auffälliger Überzahl das Schauen eines Horrorfilms ab, während die Mehrzahl der "Ekel - Gruppe" einen anschließenden Essenstest verschmähte. Die Probanden konnten ihre Empfindung bzw. Entscheidung jedoch nicht begründen. Großen Einfluss haben Gefühle also anscheinend sowieso, ob sie ins Bewusstsein dringen, oder nicht.

Die 4 Phasen der Wut

Egal, welches Ausmaß eine Wut annimmt, es werden immer 4 Phasen durchlebt:

Signalphase

Die Wut (und auch die Angst) beginnt in der Amygdala, von wo aus die entsprechenden Signale über bestimmte Nervenzellen zum Thalamus und dann zum Cortex geleitet werden. Im Cortex wird die psychologische Interpretation ausgearbeitet. Ab hier spüren wir etwas in uns.

Bemerkung: *Wie gesagt, es muss aber nicht sein, dass die Signale bis in den Cortex gelangen, wodurch es auch Situationen gibt, in denen wir eine eher diffuse und unterdrückte Wut "verspüren", die wir nicht als solche erkennen, sondern eher andere Symptome daraus entwickeln. So z.B. infolge eines verdrängten Traumas, das durch einen unbewussten Reiz teilweise reaktiviert wird. Das kann zu Wut, aber auch zu Angst (oder zu beidem), führen, die der Betroffene jedoch nicht als solche wahrnimmt, sondern seine Symptome unterbewusst verlagert. So können aus Wut oder Angst Symptome wie*

Kopfschmerzen, Atemnot oder Verspannung werden. Auch weitere psychische Probleme können sich daraus entwickeln.

Die Amygdala liefert die Wut also im Rohzustand, dem durch den Cortex eine Erklärung beigefügt wird. Entweder reagiert die Amygdala sofort, ohne dass der Cortex Einfluss nehmen kann, oder es kommt tatsächlich zum Einschalten des Bewusstseins und so zum bewussten Erleben der Wut. Dann spüren wir vielleicht ein leichtes Zittern, eine aufsteigende Wärme oder/und eine Art Kloß im Hals. Auf alle Fälle sind wir nicht gerade gut drauf.

Ausbruchsphase

Durch den Cortex ist die Wut also nun spürbar. Wie eine mächtige Welle beginnt sie, durch die Straßen unserer Gefühlswelt zu drängen. Unruhe kommt auf, vielleicht auch ein Ohnmachtsgefühl. Das Nervensystem wird aktiv und Botenstoffe wie Adrenalin und Noradrenalin (Hormone, die die Stressregulation mit organisieren) werden in den Blutkreislauf ausgeschüttet. Das Herz beginnt energischer zu klopfen, der Puls erhöht sich, die Atemfrequenz nimmt zu, der Blutdruck steigt an, ... Auch äußerlich kann sich die Wut schon in dieser Phase zeigen, beispielsweise durch die Anspannung der Muskulatur, vor allem im Gesicht/am Hals/Kiefer. Doch hier ist noch nicht das Ende der Fahnenstange erreicht. Der Vulkan bricht noch nicht aus. Die Wut lässt sich noch deckeln und wir haben noch die Möglichkeit, uns zu überlegen, wie wir reagieren sollen. "Boah, ich könnte jetzt ...!". Oft stellt sich den Betroffenen dann die Frage, ob sie die Wut nicht lieber ignorieren oder unterdrücken sollten. Doch genau davon raten Experten ab, denn unterdrückte Gefühle verschwinden nicht einfach, sondern halten sogar länger an, als solche, mit denen tatsächlich umgegangen wird.

Eskalationsphase

Wie der Name schon sagt, wird es hier schon akuter. In dieser Phase spielen die Symptome Rage und Aggressivität die Hauptrollen, die sich auf unterschiedliche Weise äußern können. Oft kommt es bei Leuten, die in dieser Situation allein sind, dazu, dass sie laut werden und einfach mal losschreien, vielleicht auch Körperlichkeit walten lassen. Im Auto könnte das laute Schimpfen und einen Schlag auf das Lenkrad inklusive wildem Gestikulieren, in der Hoffnung, der Verkehrssünder da vorne bemerkt das Spektakel hinter ihm, bedeuten. Diese Verhaltensweisen empfinden wir als erleichternd, weshalb wir sie auch bei Bedarf an den Tag legen.

Doch was machen, wenn man nicht allein ist?! Einfach auch rauslassen, oder wie?! Experten raten davon ab, Wut einfach nur rauszulassen. Oft richtet sie nämlich so nur Schaden an, der letztendlich in seiner Wirkung auch wieder auf einen selbst zurückfällt. Denn Gefühle haben mitunter so viel Macht, dass es für sie ein Leichtes ist, ihren Wirt (also den Menschen) zu kontrollieren und den Verstand völlig zu überrennen. "Ich habe nur noch rot gesehen!", "Ich war wie ferngesteuert!", "Ich war blind vor Liebe!", ...

Der Umgang mit den eigenen Gefühlen, in dem Falle mit der Wut, ist eine Kunst, denn wir müssen ihnen Raum geben, jedoch davon nicht zu viel und vor allem den richtigen. Ganz ohne Raum hat das Gehirn nämlich in dieser Angelegenheit keine Chance, die Information des entsprechenden Gefühls zu integrieren. Erst wenn das geschehen ist, hat das Gefühl seine Funktion erfüllt und kann gehemmt werden.

Die Eskalationsphase stellt das höchste Level der Wut dar, jedoch können wir in diesem Zustand immer noch entscheiden, wie wir reagieren. Dafür braucht es aber Achtsamkeit, allein schon dafür, den Moment der Entscheidung zu erkennen und wahrzunehmen. Dabei geht es darum, das entsprechende Gefühl wahrzunehmen, bewusst zu fühlen und anzunehmen. Nur so kann ein souveräner Umgang mit ihm gefunden werden. Dazu später mehr.

Nachbereitungsphase

Die Welle zieht sich in dieser Phase aus den Straßen unserer Gefühlswelt zurück und alles kehrt langsam wieder zur Normalität zurück. Die Gedanken nehmen wieder mehr Raum ein und haben wieder mehr zu sagen. Und diese Gedanken, die wir nach der Eskalationsphase haben, sind von entscheidender Bedeutung für den zukünftigen Umgang mit Wut. Hier beginnt der eigentliche Lernprozess. Oft kommen jetzt nämlich negative Gedanken und Vorwürfe: "Ich bin so doof, was habe ich wieder getan!?", "Da war wieder diese be********* Wut!" ... .

Doch solche negativen und vorwurfsvollen Gedanken bringen nichts. Es findet dabei kein Lernprozess statt. Besser sind Gedanken, die die Wut annehmen und akzeptieren. Die ihr nicht ihre Daseinsberechtigung absprechen. Dabei geht es aber nicht darum, das destruktive Verhalten während der Wut gut zu heißen, indem man die Wut dafür lobt. Es geht darum, sie als Gefühl anzunehmen. Das kann etwa so aussehen: "Okay, hier ist die Wut. Hallo Wut, da bist du ja. Wenn du schon mal da bist, dann will ich dich auch nicht vertreiben. Ich will mich auf dich einlassen und denke, dass wir schon miteinander klarkommen werden. Ich meine, ich verstehe dich ja, dass du dich ärgerst! ..."

Was sich ein bisschen komisch lesen mag, hat einen bestimmten Zweck. Diese Gedanken gehen irgendwann, wenn sie konsequent in jeder Nachbereitungsphase angewandt werden, in Fleisch und Blut über. Dadurch werden sie zur Grundeinstellung und beeinflussen somit auch die anderen Phasen der Wut.

Sie sehen also!: Zu keinem Zeitpunkt müssen Sie Ihrer Wut ausgeliefert sein. Achtsamkeit und Akzeptanz kann Ihnen dabei helfen, ihre Gefühle besser in den Griff zu bekommen.

Wenn das innere Kind wütet

Das Modell des inneren Kindes wird in der Psychologie gerne angewandt, wenn es an die Betrachtung und Bearbeitung inneren Erlebens geht. Es heißt, dass jeder Mensch ein inneres Kind beherbergt, welches sich seit der Kindheit entwickelt hat. Da wäre einmal das Sonnenkind, und einmal das Schattenkind. Beide vereinen sich im inneren Kind und stellen dessen zwei großen Seiten dar. Im Sonnenkind sind all die schönen Erinnerungen und Erlebnisse mitsamt deren Auswirkungen abgespeichert, im Schattenkind all die als schlecht oder schlimm empfundenen. Je nach Lebensgeschichte und individuellem Erleben überwiegt das eine oder das andere. Dabei gilt: Je früher in der Kindheit etwas erlebt wurde, desto mehr hat es das innere Kind in seinem Fundament geprägt. Im Sonnenkind ist aber auch das Engelchen, und im Schattenkind das Teufelchen verankert. Es geht also nicht nur um subjektives Erleben, sondern generell um Prägung. Und so hat jeder Mensch eine helle und eine dunkle Seite. Die Gewichtungen sind dabei ebenfalls unterschiedlich. Was aber nicht bedeutet, dass das Schattenkind schlecht ist. Immerhin ist es nicht das Teufelchen, sondern beherbergt es nur als Teil von ihm. Zum Schattenkind gehören wie gesagt auch, und vor allem, die als negativ empfunden Erlebnisse und damit verbundenen Gefühle sowie

Gedanken. Der Sitz des inneren Kindes ist die Seele, wo es großen Einfluss hat.

Allgemein kann man sagen: Wenn das innere Kind nicht bekommt, was es will, dann wird es unleidlich. Wie das bei Kindern bestimmten Alters so üblich ist. Das äußert sich dann auf verschiedene Weise, unter anderem auch durch Wut. Es will und kann nicht erwachsen werden, keine Verantwortung übernehmen, denn immerhin ist es Kind geblieben und wurde nie aus diesem Entwicklungsalter heraus geholt.

Das sie ein inneres Kind in dieser Form haben, wissen die meisten Menschen wahrscheinlich nicht. Solche Dinge werden uns nicht beigebracht, die lernen wir erst, wenn wir zufällig oder unter bestimmten Umständen mit einem solchen Thema in Berührung kommen. Also wenn wir beispielsweise durch eine Psychotherapie mit dem inneren Kind konfrontiert werden, oder einen Info - Ratgeber über Erziehung ohne Schreien durchforsten.

Im Laufe seiner Entwicklung entwickelt das innere Kind Werkzeuge und Strategien, die es vor Verletzung und Leid schützen sollen. Dafür muss es natürlich Entsprechendes auch erlebt haben, wobei es sich nicht unbedingt, von außen betrachtet, um unglaublich schlimme Erlebnisse handeln muss. Jedes Kind hat ja immerhin seine eigene seelische

Beschaffenheit, die mehr oder weniger robust aufgebaut ist. Und so ist auch das innere Kind mehr oder weniger robust geschaffen. Was für das eine Kind eine unglaubliche Verletzung darstellt, beeindruckt das andere vielleicht nicht besonders. Natürlich sind aber grundsätzlich auch und vor allem Erlebnisse wie Missbrauch und Misshandlung jeglicher Art, sowie andere Traumata, an der Prägung des inneren Kindes beteiligt, bei denen es keine Unterscheidung der seelischen Beschaffenheiten braucht. Solche extremen Erlebnisse sind für jedes Kind und jeden Menschen auf eine Weise katastrophal.

Wenn ein Kind aber z.B. lernt, dass es nur geliebt wird, wenn es seine eigene Identität aufgibt, um den Eltern zu gefallen, reicht das schon aus, um die Schattenseite des inneren Kindes zu füttern. Oder wenn es lernt, dass Liebe nur dem gebührt, der Leistung bringt. Oder wenn es lernt, dass es nur dann geliebt wird, wenn es immer spurt und nie aufbegehrt. Denn auch Erziehung und das Verhalten der Eltern haben großen Einfluss auf Sonnen - oder/und Schattenkind. Dabei kann man den Eltern oft gar nichts vorwerfen, denn das passiert auch unter Umständen in den besten und liebevollsten Familien. Denn das, was ein Kind lernt, ist nicht unbedingt das, was ihm eigentlich beigebracht wurde. Oft missverstehen sich Kinder und Eltern nämlich ganz grundlegend. Das Kind nimmt eine Aussage z.B. ganz anders auf, als sie von Mama/Papa gemeint war.

Wenn also in einer Situation, wie z.B. im Umgang mit dem eigenen Kind und dessen Verhalten, Wut aufkommt, könnte man dahinter auch das eigene innere Kind vermuten. Demnach stünden sich also in solchen Situationen quasi zwei Kinder gegenüber, die sich beide nicht besonders vernünftig verhalten. Einer von beiden muss sich ein gewisses Stück weit auf die rationale Ebene begeben, um den Kreis zu durchbrechen. Wer, wenn nicht Sie, als erwachsener Elternteil?!

Bemerkung: *Wut kann auch ein Schutzmechanismus sein, der dann vom inneren Kind eingesetzt wird, wenn ein noch unerträglicheres Gefühl nicht gefühlt werden soll. Und Wut ist leichter auszuhalten als z.B. Trauer, zumal sie auch leichter rauszulassen ist.*

Das Schreien aus evolutionärer Sicht

Natürlich gibt es viele verschiedene Ansichten und Blickrichtungen, aus denen sich das Schreien betrachten lässt. Die Wut im psychologischen und neurologischen Kontext ist die eine Erklärung, die Evolution eine andere. Doch das bedeutet nicht, dass die eine oder andere falsch ist. Sie beleuchten nur verschiedene Ebenen des Themas, wobei sich die Ansichten und Erklärungen miteinander vereinen lassen. Zumal das Schreien, zumindest in folgendem Beispiel, auch etwas mit Wut zu tun hat. Nur dass Wut damals eben noch etwas anders definiert wurde. Immerhin herrschten ganz andere Reize und Gegebenheiten, als heute. Die Wut wurde durch andere Reize angestoßen und bezog sich auch auf ganz andere und vor allem meist eindeutige Situationen.

Aus evolutionärer Sicht war das Anheben der Stimme Früher (bei unseren Vorfahren) ein Mittel zur Verteidigung (worin auch ihr eigentlicher und ursprünglicher Sinn liegt). Traf ein Mensch damals auf ein gefährliches Tier oder einen Feind, machte er sich groß und brüllte dabei, um dem Tier gegenüber Stärke zu demonstrieren. Die Wut macht insofern also Sinn, dass sie uns vor Gefahren schützt. Heute könnte das z.B. eine Szene sein, in der eine junge Dame inmitten eines unübersichtlichen Gedränges von unbekannter Hand befummelt würde. Weder Trauer, noch Angst oder sonst ein Gefühl, außer Wut, könnte ihr in dem Moment helfen. Für eine Abwehrreaktion braucht es unbedingt eine Form von Wut. Wie z.B. die Angst hat also auch sie eine Schutzfunktion, die nur in vielen Situationen nicht adäquat und sinnvoll angewandt wird. Oder sogar völlig fehl am Platz ist.

Natürlich ist dem Verstand klar, dass Ihr Kind alles andere als ein gefährliches Tier oder Feind ist, jedoch interessiert das Ihre Gefühle wohl kaum. Vieles, was wir so in uns tragen, vor allem unbewusst, ist ein Überbleibsel der Evolution, weshalb diese wissenschaftliche Erklärung auch einleuchtet. Meist sind diese Überbleibsel in ihrer Form mit unserer heutigen Lebenswirklichkeit nicht mehr konform, jedoch nicht einfach auszulöschen. Dass wir beispielsweise Angst vor Dingen haben, die nüchtern betrachtet eigentlich keine wirkliche Gefahr darstellen (Spinnen, Insekten, soziale Situationen, etc.) ist ein Beispiel dafür. Heute haben wir Menschen keine Fressfeinde mehr und müssen nicht stets auf der Hut vor dem Säbelzahntiger sein. Das Gefühl ist noch da, die Situationen, auf die sie sich bezog, kommen jedoch in der Form nicht mehr zustande. Also bezieht sich das Gefühl der Angst auf Dinge und Situationen, die uns heute so begegnen.

Mitunter eben in, bezogen auf die Relation zwischen Situation und Gefühl, übertriebenem Maße.

Dass wir Menschen auch heute noch in bestimmten Situationen dazu neigen, das Schreien als Mittel der Wahl zu verwenden, ist ebenso interessant wie sinnlos. Sinnlos zumindest aus heutiger Sicht. Heute bezieht die Reaktion sich auf eine Situation, die uns auf eine Weise überfordert und bei der wir das Gefühl haben, uns gegen sie oder ein Gegenüber wehren zu müssen. Ähnlich wie damals, nur dass eben oft nicht wirklich Gefahr herrscht. Damals ging es tatsächlich um Kopf und Kragen, heute ist die Reaktion in vielen Situationen völlig unverhältnismäßig, zumindest in Verbindung mit Wut (das Schreien in tatsächlichen Gefahrensituationen ist natürlich etwas anderes). Im Grunde befinden wir uns in diesen Momenten immer in einer gewissen Konfliktsituation, denn zumindest ins uns drinnen besteht dann ein Konflikt. Nicht zuletzt geht es beim Schreien in Konfliktsituationen (z.B. bei Streit) auch darum, Dominanz zu demonstrieren und das Gegenüber auf eine Art einzuschüchtern. In Bezug auf das eigene Kind liest sich das wieder ziemlich hart, jedoch leuchtet es doch irgendwie ein. Dabei gibt es keinen Grund, sich Vorwürfe zu machen, immerhin ist dieses Empfinden erst einmal völlig normal.

Verständnis: Für Sie selbst und Ihr Kind

Wie Sie sich dabei fühlen

Da auch Sie Mensch sind, ist es nur verständlich, dass Sie manchmal die Nerven verlieren und vielleicht lauter werden. Werfen Sie sich das bitte nicht vor, das macht es nicht besser und führt eher zu einem kontraproduktiven Effekt. Viel besser und sinnvoller ist es, Verständnis für das eigene Empfinden zu entwickeln. Damit begeben Sie sich nämlich auf eine gesunde Ebene, von der aus es sich definitiv besser adäquat reagieren lässt. Werfen Sie es sich jedoch vor, bleiben Sie im Wesentlichen auf der emotionalen Ebene, wo für den Verstand "fremdes" Herrschaftsgebiet besteht. Hier hat er am wenigsten zu melden. Dabei geht es darum, die eigene Welt für jeden Moment so anzunehmen wie sie gerade ist, und dabei auch die Welt des Gegenübers sowie die gegebene Situation zu berücksichtigen. Und der erste Schritt ist, sich dieser verschiedenen Welten bewusst zu sein. Anschließend sollten Sie sich mit diesen beschäftigen. Im Eltern - Kind - Kontext gilt es vor allem, zu versuchen, die Welt des Kindes zu verstehen. Hier beschäftigen wir uns vor allem mit der Wahrnehmung des Kindes, wenn es (von einem Elternteil) angeschrien wird, und damit, warum Eltern sich die Wirkung ihrer Worte und ihres Tones bewusst machen sollten.

Wie das Kind sich dabei fühlt

Bei vielen Verhaltensweisen, die wir so an den Tag legen, ist uns gar nicht bewusst, was wir mit ihnen beim Gegenüber eigentlich wirklich anrichten können. Wenn aber Kinder von ihren Eltern angeschrien werden, kann das unter Umständen wie seelisches Gift wirken. Immerhin greifen Sie in dem Moment das Kind direkt an, und das führt häufig bei diesen zu einem Gefühlschaos.

Wer kennt es nicht?! Die Zeit ist knapp und das Kind läuft nicht in der Spur. Da kann einem schon mal das Gemüt überkochen, zudem angesichts des bevorstehenden Termins und dem damit verbundenen Pflichtbewusstsein. Das ist ein waschechter Konflikt, im Elternteil selbst sowie zwischen diesem und dem Kind. Wenn Sie dann mal die Nerven verlieren, ist das kein Weltuntergang und auch keine Schande. Jedoch sollte es ernst genommen werden und sich nicht häufen. Wer seine Kinder häufig und/oder auf regelmäßiger Basis anschreit, riskiert die seelische Gesundheit seines Kindes und die eigene Beziehung zu diesem.

Es kann generell sehr hilfreich sein, sich in sein Gegenüber hinein zu versetzen und zu versuchen, die Situation aus dessen Sicht zu betrachten. Stellen Sie sich also vor, Sie seien Ihr Kind und stünden sich selbst gegenüber. Einer der wichtigsten Menschen in Ihrem Leben steht vor Ihnen und greift Sie an, indem er die Gewalt seiner Stimme gegen Sie verwendet. Auch wenn Sie es nicht so meinen, sieht das Kind das Ganze aus seiner Sicht so oder so ähnlich. Mit dem Schreien wird dem Kind jedoch keinerlei Erklärung geliefert, warum es denn jetzt angeschrien wird, Sie wissen also gar nicht genau, was los ist.

Dahinter steckt häufig auch ein Missverständnis zwischen Eltern und Kind. Eltern fühlen sich in solchen Situationen vom Kind bewusst provoziert, jedoch ist das oft gar nicht der Fall. Ein Kind, das sich in Situationen des Zeitdrucks z.B. besonders langsam anzuziehen oder fortzubewegen scheint, führt in den seltensten Fällen etwas im Schilde. Aber in Ihre Welt als Elternteil mit Pflichten und Zeitdruck passt dieses Verhalten gerade überhaupt nicht. Das setzt Sie unter Druck, und das Verhalten des Kindes wird so oft als vorsätzlich beurteilt/empfunden und löst dementsprechend Unmut aus. Doch für Verhaltensweisen von Kindern gibt es immer mehrere Möglichkeiten der Erklärung. Das "langsame" Kind ist vielleicht einfach nur zu sehr in Gedanken, also in seiner eigenen Welt, um sich auch noch auf die Welt seiner Mutter/seines Vaters einlassen zu können. Sie leben in verschiedenen Welten. In Ihrer Welt verspüren Sie Zeitdruck, das Kind hat in seiner anscheinend alle Zeit der Welt. Und

selbst wenn ein Kind tatsächlich provoziert (ab einem gewissen Alter kommt das schon vor), ist das in den seltensten Fällen böse gemeint. Es macht sich vielleicht einen Spaß daraus, weil es in seiner Kinder - Welt den "Ernst der Lage", wie es sich für den Erwachsenen in seiner Erwachsenen - Welt anfühlen mag, nicht erfassen/nachvollziehen kann. An diesem Punkt bräuchte es eine einleuchtende Erklärung, die das Kind auch versteht. Schreien ist keine Erklärung, sondern ein Angriff, der nur in der Welt des Schreienden Sinn macht. Mit dem Schreien liefern Sie Ihrem Kind eine Botschaft, die es in seiner Welt erst einmal entschlüsseln und integrieren muss. Kann es das Verhalten des Elternteils jedoch nicht eindeutig zuordnen, und das ist leider oft er Fall, passiert es schnell, dass das Kind die Botschaft als Vorwurf oder andere negative Reize aufnimmt. Dabei bezieht das Kind das Verhalten auf sich und seine Person, was letztendlich zum Eindruck führen kann: "Mama/Papa ist böse auf mich!", "Ich habe was falsch gemacht!"
Häufen sich diese Vorfälle, häufen sich natürlich auch diese Interpretationen im Kind. Unter Umständen können so aus "Ich habe was falsch gemacht!" "Ich mach immer alles falsch!", und aus "Mama/Papa ist böse auf mich!" "Mama/Papa hat mich nicht mehr lieb!", werden.

Übrigens: *Ein Kind kann erst ab dem Entwicklungsalter von etwa 4 Jahren die Perspektive wechseln und sich, Anfangs zumindest ansatzweise, in andere hineinversetzen. Das bedeutet, dass jüngere Kinder in der Regel noch gar nicht verstehen/nachvollziehen können, warum der Papa/die Mama denn jetzt so reagiert, und dass das mit seinem eigenen Verhalten in Verbindung stehen könnte. Dementsprechend kann man in dem Alterszeitraum auch noch gar nicht von bewusster Provokation sprechen.*

Wenn es angeschrien wird, durchlebt ein Kind eine ganze Reihe von Gefühlen, die es ängstigen. Natürlich ist es verletzt, traurig, fühlt sich erniedrigt, hilflos, verunsichert, ist verzweifelt und fühlt sich nicht selten auch schuldig. Nicht immer müssen es alle diese Gefühle auf einmal sein, jedoch mindestens zwei davon werden auf jeden Fall aktiviert. Das Schreien stellt vor allem in der Mutter/Vater - Kind - Beziehung eine Art Vertrauensbruch, in starker Form, dar. Und zwar in Bezug auf die Wertschätzung. Dies kann sich, wenn das Schreien regelmäßig oder oft genug vorkommt, negativ auf die Bindung zwischen Mutter/Vater und Kind auswirken, und in den meisten Fällen ist dies auch der Fall. Durch die Macht, die das Schreien dem Schreienden verleiht, entwickelt ein Kind automatisch ein Gefühl von Hilflosigkeit. Wenn man jemanden anschreit, erniedrigt man ihn ebenfalls automatisch, was durch das sowieso schon vorhandene Machtgefälle zwischen Eltern und Kind nochmal verstärkt wird. Kinder möchten als gleichwertige Familienmitglieder betrachtet und behandelt werden, was ja nur verständlich ist, und das könnte man durchaus als Bedürfnis des Kindes betrachten. In dem Moment, in dem ein Elternteil vor ihnen steht und sie anschreit, ist es, als würde ihnen dieses Recht rabiat abgesprochen werden.

Denken Sie nur mal daran, wie Sie sich fühlen, wenn Sie angeschrien werden. Etwa so und noch schlimmer fühlt sich ein Kind. Nur dass Sie sich in der Regel nicht einem viel größeren und dazu noch im Gegensatz zu Ihnen erwachsenen Menschen gegenüber sehen, der der wichtigste Mensch in ihrem Leben ist und somit so viel Einfluss auf Ihr Gefühlsleben und Ihr Seelenheil hat, wie kein anderer.

Bedingungslose Liebe

Der Neurologe Gerald Hüther sagt, bedingungslose Liebe sei das Wichtigste, das ein Kind braucht, um auf gesunde Weise zu gedeihen. Ein Kind muss spüren, dass es so richtig ist, wie es ist und als Individuum und seiner Selbst wegen geliebt wird. Es sollte auf keinen Fall den Eindruck bekommen, dass es nur geliebt wird, wenn es in der Spur läuft und/oder Leitung erbringt. Für Liebe darf es keine Bedingungen geben. Und auch wenn die meisten Eltern diese Botschaft so nie bewusst senden wollten oder wollen würden, geschieht es doch immer wieder, dass bestimmte Verhaltensweisen der Eltern beim Kind genau einen solchen Eindruck hinterlassen. Wie gesagt, oft aus einem Missverständnis heraus. Es resultiert daraus nicht selten zumindest die Angst, nicht (bedingungslos) geliebt zu werden.

In vielen Familien wird nicht geäußert, dass man sich lieb hat oder dass man gut so ist, wie man ist. Von Eltern wird es oft als selbstverständlich angesehen, dass das Kind doch wisse, dass es geliebt würde. In einer Dokumentation, die ich vor vielen Jahren einmal gesehen habe, wurde eine Mutter gefragt: "Haben Sie Ihrer Tochter mal gesagt, dass Sie sie lieben?". Die Antwort darauf war sehr bezeichnend, wie ich finde: "Das weiß sie doch!". Die

Mutter ging also einfach davon aus, dass die Tochter sich der Liebe ihrer Mutter bewusst ist. Gab auch im weiteren Verlauf zu, dass sie es noch nie so klar der Tochter gegenüber geäußert habe. Auch hier haben wir wieder diese Welten. Die Mutter weiß, dass sie ihre Tochter liebt und geht davon aus, dass es dann auch ihre Tochter weiß. In der Welt der Mutter war es eine Selbstverständlichkeit, dass sie ihr Kind liebt bzw. dass Eltern ihre Kinder lieben und es ihnen nicht extra auch noch sagen müssen. Diese Ansichten hat sie dann anscheinend einfach auf die Welt ihrer Tochter übertragen und sich darauf verlassen, dass diese die versteckten Botschaften entschlüsseln und richtig zuordnen kann. Wenn das Kind aber nie in einer von Leistung unabhängigen Situation zu hören, oder anderweitig eindeutig vermittelt, bekommt, dass es geliebt wird, bekommen positive Reaktionen Seitens der Eltern in Bezug auf eine Leistung einen viel höheren Stellenwert. Denn es scheinen die einzigen Momente zu sein, in denen das Kind das in irgendeiner Weise zu spüren bekommt, nach dem es sich sehnt/das es unbedingt braucht. Die Liebe seiner Eltern. Auch das ist, wenn man so will, eine Art Missverständnis, das ohne böse Absichten in einer Eltern - Kind - Beziehung ganz schnell zustande kommen kann. Ab da entwickelt sich eine Eigendynamik, wenn nicht eingegriffen wird.

Ein Problem bzw. Missverständnis, im Übrigen nur ein Beispiel, das sich meist durch Generationen von Familien zieht. Genauso wie es beim Schreien häufig der Fall ist. Wenn das Kind dann auch noch regelmäßig von den Eltern angeschrien wird, bestätigt das nur das Resultat dieses Missverständnisses und verstärkt den Eindruck des Kindes, dass es Leistung bringen muss, um geliebt zu werden (Leistung kann dabei alles mögliche sein, auch beispielsweise, sich stets brav zu verhalten und das zu tun, von dem es glaubt, dass die Eltern und/oder andere es von ihm erwarten (Überanpassung)).

Es liegt in der Natur von Menschenkindern, und somit auch des Menschen allgemein, dass sie sich immer wieder rückversichern müssen, ob auch wirklich alles in Ordnung ist und die Eltern ihnen wirklich Sicher - und Geborgenheit (inklusive bedingungsloser Liebe) bieten können. Auch das ist ein Überbleibsel unserer Evolution und sicher auch, in unterschiedlicher Form und Ausprägung, bei anderen Tierkindern so. Schließlich sind wir alle eine bestimmte Zeit komplett von unseren Eltern abhängig und könnten ohne sie nicht überleben, ja würden nicht einmal existieren. Selbstverständlich hinterlässt das Spuren und bleibende Verbindungen, die gepflegt werden müssen. Und tatsächlich hätten Kinder immer, zumindest unterschwellig, Angst, die Liebe der Eltern zu verlieren, sagen Experten.

Wenn sie von diesen angeschrien würden, fühlten sie das auch deutlich.

Anerkennung

Das Gefühl, diese Angst, muss das Kind irgendwie kompensieren. Da es aber bis zu einem gewissen Alter nicht die geistigen Voraussetzungen bzw. nicht die nötige Reife besitzt, Gefühle auf gesunde und vernünftige Weise zu kompensieren, geht auch das wieder über die emotionale Ebene. Oft passen sich die Kinder dann übermäßig an, um sich quasi die Liebe in Form von Anerkennung und Zuwendung der Eltern zu verdienen/zu sichern/zurückzugewinnen. Oft tragen diese Kinder das mit ins Erwachsenenalter und tendieren auch später dazu, es recht machen zu wollen, vor allem aus Angst, nicht gemocht oder geliebt zu werden.

Schreien ist eine Form von Gewalt

Harte Worte, aber Tatsache. Wenn sie sich einmal zurückbesinnen und die bisherigen Worte dieses Buchs grob Revue passieren lassen, können Sie zwischen den Zeilen auch genau diese Botschaft erkennen. Es handelt sich um eine Form von verbaler Gewalt, die unter Umständen genauso schlimm und schädlich sein kann, wie körperliche. Bereits mehrere wissenschaftliche Studien haben sich damit auseinandergesetzt und sind zu sich gegenseitig bestätigenden Schlüssen gekommen. Verbale Gewalt im Allgemeinen, zu der natürlich nicht nur das Schreien allein gehört, scheint tatsächlich mindestens genauso schlimme Auswirkungen zu haben, wie die körperliche. Beispielsweise leiden demnach regelmäßig/oft angeschriene Kinder bzw. Menschen, die in ihrer Kindheit regelmäßig oder oft angeschrien wurden, häufiger unter Depressionen und/oder Angststörungen. Genauso ist es bei Kindern/Menschen, die regelmäßig (auf andere Weise) von ihren Eltern/engsten Bezugspersonen herabgesetzt oder gar beleidigt werden/wurden. Des Weiteren tendieren laut Studien solche Kinder im Jugendalter zu Lügen, Stehlen und Aggression. Natürlich aber statistisch gesehen und nicht auf jeden einzelnen Betroffenen zutreffend.

Ganz tragisch ist natürlich die Kombination aus Schreien und Beleidigung, von der ich hoffe, dass Sie sie noch nie "angewandt" haben. Diese kann dann auch nicht mehr als Ausrutscher oder Resultat eines Missverständnisses gedeutet werden, sondern geht in Richtung Misshandlung und darf kein einziges Mal geschehen, denn damit verprügeln gewisse Eltern ihr Kind quasi verbal. Also eine extreme Form der verbalen Gewalt.

Ming - Te Wang, der Leiter einer solchen Studie, schrieb in einer Pressemitteilung, dass verbale Härte auch schon schädlich sein kann, wenn sie nur ab und zu stattfindet. Immerhin sind Kinder unterschiedlich sensibel und können dadurch auch unterschiedlich gut oder schlecht mit solchen Attacken umgehen. Dabei spielt es keine bedeutende Rolle, wie Sie sonst so mit Ihrem Kind umgehen, denn dieser eine Moment, der ab und zu passiert, hat so viel Macht bzw. Wucht, dass er den Rest einfach übertrumpft.

Wie das Gehirn reagiert

Auch auf neuronaler Ebene scheinen sich diese Erfahrungen auszuwirken, wie mindestens eine Studie bestätigt. Das Gehirn eines Kindes befindet sich noch in der Entwicklung und ist dementsprechend instabil vernetzt sowie in seiner Struktur formbar. Alles, was in der Kindheit erlebt wird, prägt die Gehirnstruktur auf die eine oder andere Art nachhaltig. Definitiv bewiesen sind diese Vorgänge im Gehirn auf jeden Fall in Bezug auf körperliche und sexuelle Gewalt, jedoch gibt es immer mehr Hinweise darauf, dass auch verbale Angriffe bzw. emotionale/seelische Gewalt die Gehirnstruktur in ihrer Vernetzung beeinflussen. Was ja auch nur Sinn macht, denn immerhin belegen Studien, dass seelische/emotionale Gewalt mindestens genauso schlimm ist.

Die Verantwortung liegt bei den Eltern

Die einzige Person, die eine etwaige negative Entwicklung stoppen/vorbeugen/verhindern kann, sind Sie. Die Verantwortung liegt bei Ihnen, die Sie ja schon dabei sind, indem Sie sich dahingehend belesen. Und am besten beginnen Sie damit, Ihr Kind in seinem aktuellen Entwicklungsstand besser verstehen zu lernen. Machen Sie sich klar, was Fakt ist, und führen Sie aufschlussreiche Gespräche. So verhindern Sie die Entstehung von Missverständnissen, wie wir sie bereits hier kennengelernt haben. Auch nach jedem Ausrutscher Ihrerseits, wenn Sie mal die Nerven verloren haben, sollten Sie immer das Gespräch mit dem Kind suchen. Erklären Sie ihm die Situation und warum Sie so reagiert haben. Unter Berücksichtigung der Informationen und der Selbstanalyse, die Sie hieraus gezogen haben. Kinder wollen mit ihren Eltern arbeiten, und nicht gegen sie. Das liegt in ihrer Natur. Es müssen ihnen nur von den Eltern die nötigen Weichen gestellt werden.

Wie Sie das am besten anstellen, werde ich Ihnen im Ratgeber - Teil des Buchs verraten.

Klar ist!: Eltern, die die Ruhe bewahren und nicht schreien, brauchen sich nicht mit Selbstvorwürfen quälen und unterstützen ihre Kinder dabei, ein glückliches Gemüt zu bewahren und ein gesundes Selbstbewusstsein zu entwickeln. Und wenn sie es richtig anstellen und in Situationen, die tatsächlich etwas Strenge erfordern, mit ruhiger Bestimmtheit statt Gefühlsausbrüchen reagieren, laufen sie auch nicht Gefahr, ihr Kind in Watte zu packen oder zu verhätscheln.

"Der Ton macht die Musik!"

- Volksmund -

Wie oft müssen sich Kinder von Erwachsenen diesen Spruch anhören?! Doch der gilt nicht nur für sie, sondern auch für ihre Eltern, was diese leider oft zu vergessen scheinen. Sowieso passiert es schnell, dass man anderen vorwirft, was man selbst auch tut. Gegenüber seinem Kind hinterlässt man dieses schnell mit dem Eindruck, es sei weniger Wert, als andere (seine Eltern). Denn Kinder bemerken sehr wohl feinste Ungerechtigkeiten.

Im Kern ist der Mensch eben doch ein egoistisches Wesen, das unterbewusst dazu neigt, sich selbst als Mittelpunkt des Universums zu betrachten. Und das führt z.B. dazu, dass man schnell die Dinge auf sich bezieht oder seine eigenen Fehler als weniger schlimm erachtet, als die anderer. Oder die eigenen sogar ausblendet, im Extremfall. Und hier ist Egoismus nicht negativ gemeint, denn in Maßen ist er sogar notwendig, um den Selbsterhaltungstrieb zu bewahren. Also für das Überleben (ein Säugling muss egoistisch sein, um zu überleben, und diese

Eigenschaft verschwindet nicht einfach mit den Jahren. Sie passt sich, im Rahmen einer gesunden Entwicklung, nur an die jeweiligen Anforderungen des jeweiligen Lebensalters inklusive Umwelt/Mitmenschen an). Und da alles positive und negative Seiten hat, bringt eben auch der Egoismus seine negativen Aspekte mit.

Von Menschen und Tieren

Menschen sind im Grunde auch nur Tiere, und Tiere sind triebgesteuert. Beim Menschen kommt nur der Verstand in seiner komplexen Form hinzu, der in das natürliche Steuerungssystem eingreift und es komplexer, und somit auch komplizierter, macht. Mit dem Verstand kommt das Bewusstsein. Beim Menschen das Bewusstsein darüber, was wir tun und nicht tun sollten.

Darüber, was andere von uns erwarten könnten und was nicht. Darüber, was nun in dieser und jener Situation angemessen wäre, und was nicht. ... etc.. Die Regeln, Reize und Gegebenheiten der Umwelt werden erst durch das speziell strukturierte Bewusstsein des Menschen so unglaublich umfangreich beurteilt. Wir sind uns den Anforderungen unserer Umwelt gewahr und müssen uns darin zurechtfinden. Lebenserfahrungen wie z.B. Erziehung wirken sich sowohl auf die Gefühlswelt, als auch auf das Bewusstsein, aus. Dieses Konstrukt macht den Menschen in seiner Ganzheit (inkl. Körper) so unglaublich komplex, womit auch mehr Raum für Komplikationen besteht. Hier sind mehrere in sich komplexe Fronten, die miteinander kollidieren können. Und irgendwie hat der Mensch es immer noch nicht so wirklich raus, wie er damit umgehen soll. Aber wahrscheinlich ist genau das etwas, das sich nie komplett beherrschen lassen wird. Und so wird es auch in Zukunft Menschen geben, die mit ihrer Innenwelt in Kombination mit der Außenwelt relativ gut umgehen können, und solche, die das nicht schaffen. Da kommt es auch immer darauf an, wie diese Welten geprägt sind. Auch hier spielen wieder Erziehung und andere Lebenserfahrungen, genauso wie angeborene Verarbeitungsmechanismen und Umfeld, ihre Rollen.

Auch Sie werden sich selbst nie zu 100% im Griff haben können, einfach, weil Sie ein Mensch sind. Trotzdem können Sie sich darin üben, um sich besser in den Griff zu bekommen. Während es im Tierreich eigentlich ganz praktisch darum geht, seine Kinder so groß zu ziehen, dass sie sich selbst ernähren können und gewisse andere (über)lebenswichtige, pragmatische, Dinge gelernt haben, ist es beim Menschen schon komplizierter. Es müssen grundsätzlich Dinge gelernt werden, die eben in dem jeweiligen Lebensraum notwendig sind. Danach gehen Eltern - und Jungtiere meist recht schnell und schmerzlos getrennte Wege, wobei manche Tierarten uns Menschen ähnlicher sind, als wir glauben. Elefanten haben ihre Kinder z.B. in der Regel und im Vergleich zu anderen Tieren sehr lange bei sich, in ihrer Herde (werden sogar die ersten etwa 4 Jahre ausschließlich mit Muttermilch ernährt, sind erst zwischen dem 12. und 20. Lebensjahr ausgewachsen, erst mit etwa 15 Jahren geschlechtsreif). Auch scheinen sie eine besondere emotionale Bindung zu ihren Jungen aufzubauen, zumal sie sie ja allein schon fast 2 Jahre in ihrem Bauch tragen.

Auch bei uns ist das mit der Entwicklung nach der Geburt in der Regel und im Grunde nicht viel anders, nur dass wir viel länger als die meisten Tiere brauchen und komplexere Dinge sowie Zusammenhänge erlernen müssen, weil unser Lebensraum im Zusammenhang mit unserer komplexen Innenwelt diese Fähigkeiten nun mal von uns verlangt. Unsere Lebenswirklichkeit verlangt uns so einiges ab.

Und so ist es normal, ja sogar unvermeidlich, dass der Mensch öfter das Problem hat, dass seine inneren Präferenzen mit der Umwelt und deren Reizen sowie Anforderungen kollidieren. Nicht zuletzt deshalb ist es auch ein unmögliches Unterfangen, perfekt sein zu wollen.

Und so passieren bestimmte Verhaltensweisen auch einfach, ohne dass wir es böse meinen, ohne dass ein niederes Bestreben dahintersteckt. So werden wir z.B. eben auch mal laut, wenn uns etwas ärgert. Viele Tier - Eltern gehen, aus unserer Sicht, eher ruppig mit ihren Kindern um. Jedoch schadet es den Jungen meist nicht, wenn die Mutter es mit einem groben Hieb in die Schranken weist. Das liegt in der Natur und ist wohl auch nötig. Aber wir, die wir in der Welt der Menschen leben, haben Grobheit in der Erziehung eigentlich nicht nötig, weil wir andere Möglichkeiten haben, zumal vor allem bei uns viel nicht ist, wie es scheint. Damit meine ich, dass Erziehungsstile, die in der Welt anderer Tiere vielleicht zur Abhärtung und somit nötigen Maßnahme für die Vorbereitung auf den gefährlichen Lebensraum (z.B. Fressfeinde) dienen, bei uns Menschen nicht denselben oder gar ähnlichen Effekt haben müssen. Ein Kind, das von seinen Eltern oft angeschrien wird, ist später nicht automatisch gut auf die doch eher harte Gesellschaft vorbereitet. Dafür sind Menschenkinder einfach zu individuell komplex. Sie interpretieren die Dinge (elterliche Verhaltensweisen im Besonderen) unterschiedlich stark und in unterschiedliche Richtungen, wodurch am Ende immer ein Produkt aus Botschaft (was sendet ein Elternteil?!) und Interpretation (Was kommt beim Kind an?!) steht, welches dann wirkt. Unabhängig davon, was gemeint war.

“Gut gemeint ist nicht gleich gut gemacht!”. Dieser Spruch beschreibt dies ganz gut. Eigentlich beschreibt er nichts anderes, als die Kollision zweier Welten. Viele Eltern meinen es doch nur gut mit dem Kind. Vielleicht vergreifen sie sich manchmal etwas im Ton, aber im Grunde meinen sie es doch gut. Doch es kommt nicht darauf an, wie etwas gemeint ist, sondern wie etwas beim Kind ankommt. In Ihrer Welt ist etwas vielleicht gut gemeint, aber in der Welt des Kindes unter Umständen nicht gut gemacht!

Ob, zumindest manch, andere Tierkinder interpretieren, kann und möchte ich überhaupt nicht beurteilen, jedoch wage ich es, zu behaupten, dass sie es nicht in dem Ausmaße tun (und können), wie Menschenkinder ab einem bestimmten Alter.

Wenn man es so sieht, könnte man sagen, Schreien und andere Verhaltensweisen mit gewalttätigem Charakter sind für unsere Spezies nicht artgerecht. Wir brauchen das nicht, um etwas zu begreifen, genauso wenig hilft es uns in irgendeiner Weise. Oft sogar im Gegenteil. Trotzdem ist auch hier wieder ein Maß zu finden, denn "nicht laut werden" bedeutet nicht "in Watte packen" und "mit Samthandschuhen anfassen". Das Mittel zum Durchgreifen nennt sich Bestimmtheit. Und Bestimmtheit braucht keinen erhöhten Lautstärkepegel, wenn sie richtig angewandt wird. Und hier liegt oft der Hund begraben.

Der Unterschied zwischen Bestimmtheit und Schreien

Oft werden diese Begriffe einfach miteinander verbunden, wodurch Schreien für viele Menschen automatisch zur Bestimmtheit gehört. Wenn wir uns damit einmal genauer auseinandersetzen, müssen wir dennoch einen großen Unterschied feststellen. Wer schreit, agiert mit dem Motor auf der emotionalen Ebene, wer lediglich bestimmt agiert, dessen aktiver Motor befindet sich gerade auf der rationalen Ebene. Bestimmtheit bedeutet, ich sage klar und deutlich, was ich von dem und dem halte. Ich sage klar und deutlich, was ich möchte und was nicht. Ich mache anderen unmissverständlich klar, was Sache ist. Schreien bedeutet, ich versuche verzweifelt, mir Gehör zu verschaffen, gehe dabei aber absolut irrational vor.

Wie Gefühle und Gedanken zusammenhängen

Albert Ellis entwickelte in der Mitte des letzten Jahrhunderts das sogenannte ABC - Modell, welches aufzeigt, dass Gefühle eben nicht einfach nur reflexartig auf bestimmte Situationen reagieren, sondern dass es da noch einen entscheidenden Zwischenschritt gibt. Dieses Modell wird heute noch in der kognitiven Verhaltenstherapie angewandt.

Das ABC der Gefühle

Ellis erkannte, dass auch das, was wir denken, wesentlicher Teil der Abfolge von Reiz bis Reaktion in Sachen Gefühle ist. Statt die Annahme Ereignis --> Gefühl zu übernehmen, schob er noch die Beurteilung mit ein (Ereignis --> Beurteilung --> Gefühl). Daraus entwickelte er sein ABC - Modell mit dessen Gesetzmäßigkeiten:

- **A**ctivating experiences (innere/äußere Wahrnehmung)
- **B**eliefs (Annahmen und Interpretationen)
- **C**onsequences (Verhalten und Gefühle)

Früher dachte man mehrheitlich, Gefühle seien nicht zu beeinflussen. Denn die Abfolge Ereignis --> Gefühl beschreibt ja nichts anderes, als einen Reflex. Und Reflexe können wir tatsächlich nicht beeinflussen. Wenn das Hämmerchen des Arztes Ihr Knie an einem bestimmten Punkt trifft, dann schlägt der Unterschenkel leicht aus, das können Sie nicht verhindern. Darauf kann diese Abfolge angewandt werden.

Wenn es aber um Gefühle geht, die unser Gemüt betreffen, haben wir sehr wohl einen Ansatzpunkt, den wir beeinflussen können. Dazu müssen wir den Moment der Beurteilung (bewusste oder unbewusste Um - Beurteilung) abpassen.

Für therapeutische Zwecke hat Albert Ellis noch die Buchstaben D und E ergänzt:

- Dispute (hinterfragen von ungünstigen Annahmen und Bildung von Thesen)
- Effect (Erleben von positiven Auswirkungen und Erfahrungen mit dem Gefühl/Gedanken)

Durch diese Erweiterung heißt das heute in der Regel angewandte Modell natürlich "ABCDE - Modell". Es bildet und beschreibt die Grundlage der ebenfalls von ihm entwickelten RET bzw. REBT (Rational - emotive - behavior - therapy). Im Deutschen REVT (Rational - emotive Verhaltenstherapie). Dabei geht es im Wesentlichen um die kognitive Umstrukturierung.

Activating experience

Damit ist der Reiz gemeint, der als "Rohdatei" über die Sinnesorgane ans Gehirn geleitet wird. Dort findet dann mit Einbeziehung früherer Erfahrungen und bestimmter Filter eine Verarbeitung statt, nach der ein Teil dieser Daten als relevant, der größte Teil aber als irrelevant, eingestuft werden. Letzterer wird verworfen.

Beliefs

Durch Filterung und Interpretation der Informationen verleiht unser Gehirn dem Ganzen eine Bedeutung, um sie einordnen zu können. Wie in einem Großraumbüro, wo es etliche Aktenschränke mit den verschiedensten Beschriftungen gibt. Wenn nicht alles zeitnah eingeordnet wird, bricht in diesem Büro das Chaos aus. Deshalb muss auch das Gehirn alles irgendwo zuordnen können. Eine erst einmal wichtige und sinnvolle Funktion, aber leider mit einem Haken. Es gibt zu viele Möglichkeiten der Interpretation, dass es kaum/nicht möglich ist, im Rationalen zu bleiben. So werden Fakten schnell irrelevant und wir verlieren uns im Reich der Fantasie. Allerdings nur wenn wir noch nicht gelernt haben, diesen Vorgang zu beeinflussen. Was natürlich aber nicht bedeutet, dass Sie es nach Erlernen immer schaffen werden, Einfluss zu nehmen. Auf alle Fälle werden Sie es aber besser können.

Consequences

Aus den Interpretationen gehe schließlich Schlussfolgerungen hervor, die uns im Endeffekt in die ein oder andere Richtung emotional reagieren lassen und dazu bringen, uns auf eine Wahrnehmung einzuschießen/zu fokussieren. Mit "Reaktion" sind hier sowohl das Gefühl selbst, als auch die Reaktion nach Außen, gemeint.

Beispiel

Wenn ein Mensch dazu neigt, bestimmte Verhaltensweisen, Erlebnisse oder/und Reize überzubewerten, kann die ABC - Abfolge sich bei ihm oder ihr etwa so gestalten (ich nehme in diesem Beispiel mal, ganz passend, die Rolle des Kindes ein):

A (Wahrnehmung): Mama schreit mich an

Dabei sehe ich, dass es Mama ist, die mich da anschreit. Ich sehe, dass ihr Gesicht verzerrt ist. Mit meinen Ohren nehme ich wahr, dass sie laut ist.

B (Interpretation): Katastrophe und Chaos

In mir beginnt es, zu arbeiten. Ich muss dieses Verhalten irgendwo einordnen können. Meine Mutter schreit mich an, obwohl sie mich doch eigentlich liebhaben sollte. Das sagt sie mir doch auch oft. Ich muss irgendwas falsch gemacht haben. Eltern haben immer Recht, also muss es an mir liegen, wenn sie mich angreifen muss. Letztens hat mich Papa auch so angeschrien, was mach ich denn nur immer falsch?! ... Oh Gott, meine Eltern lieben mich nicht mehr!

(Natürlich alles im übertragenen Sinne, da ein Kind in dieser Ausdrucksweise in der Regel noch nicht denkt.)

C (Emotion/Verhalten): Angst, Sorge, Erschütterung und Schock

Angst, nicht mehr geliebt zu werden; Sorge darum, die Eltern enttäuscht zu haben; Erschütterung darüber, vom mir wichtigsten Menschen angegriffen worden zu sein; Schock über die Reaktion von Mama/Papa. Darauf bin ich dann fokussiert und kann meine Tränen nicht mehr zurückhalten. Ich muss weinen.

Überlegen Sie sich den Gegenentwurf, wie das ABC - Modell bei der Mutter in diesem Beispiel aussehen könnte. Dieses Modell lässt sich auf jedes Gefühl in Verbindung mit jedem Reiz/jeder Situation anwenden. Vielleicht notieren Sie sich diesen Gegenentwurf einfach mal, als erste praktische Annäherung an das Thema.

Die Abwärtsspirale

Der ABC - Ablauf tendiert dazu, schnell in eine Abwärtsspirale zu kippen, in der Schlussfolgerungen, Gefühle und Handlungen zu einer gesteigerten negativ behafteten Fokussierung auf die entsprechende Situation führen. Wobei das Ganze aber auch in die andere Richtung gehen kann, wie z.B. bei Euphorie. Diese Abläufe verstärken sich dann selbst.

Die Wahrnehmungsfilter sind nun anders sortiert und strukturiert, und somit darauf ausgelegt, nach Indizien und Beweisen für die aufgestellten Annahmen zu suchen. Es geht dann hauptsächlich um die Bestätigung, dass die Informationen auch wirklich im richtigen Ordner abgeheftet worden sind. Und wo wir Beweise finden wollen, finden wir sie auch. Immerhin haben wir eine unglaublich weite Spanne an Interpretationsmöglichkeiten. Zumindest sind wir selbst dann von diesen Beweisen überzeugt.

Betroffene von Depressionen, Angststörungen, Panikattacken und jeglichen weiteren affektiven Erkrankungen/Störungen können ein Lied von solchen Spiralen singen. Aber auch "gesunde" bzw. zumindest nicht diagnostizierte, Menschen, die zur Eifersucht neigen, sehr sensibel sind oder/und ein

Aggressionsproblem haben, erfüllen die Voraussetzungen, um Mitglied dieses "Chors" zu sein.

Der Einfluss der Gedanken

Gedanken können einen beruhigen oder aufbauen, Sie können einen aber auch noch weiter in Rage bringen oder herunterziehen. Es ist also entscheidend, welche Gedanken Sie bei B haben.

Bei Ärger und Wut gehen einem in der Regel Gedanken im Kopf herum, wie:

- Das ist ja unmöglich!
- Das kann ich nicht dulden!
- Das darf nicht sein!
- Das hätte nicht passieren dürfen!
- Ich bin so blöd!
- Jedes Mal, ...!
- Das ist ungerecht!
- Das ist falsch!
- Er/Sie weiß doch, dass ich es eilig habe!

Doch diese Gedanken und alle weiteren, die nichts Konstruktives beizutragen haben oder einfach nur negativ behaftet sind, schüren und unterstützen die Wut bzw. den Ärger in ihrer/seiner Blindheit nur. Und genau an diesem Punkt, also an diesem B, können und müssen Sie ansetzen, wenn Sie sich zukünftig (noch) besser im Griff haben wollen. Nicht die Situation selbst macht uns wütend, sondern immer nur das, was wir daraus machen. Das ist wie mit Problemen. Nicht das "Problem" ist das Problem, sondern wie wir mit der entsprechenden Situation umgehen und was wir daraus machen. Dinge werden erst zu Problemen, wenn wir sie dazu machen. Wut wird erst zum Problem, wenn wir sie einfach so geschehen lassen, ohne zu versuchen, sie zu steuern. Und die Gedanken können die Richtung maßgeblich mitbestimmen. Wie Sie Ihre Gedanken diesbezüglich einsetzen können, erfahren sie später im Tipp - Teil. Zu dem kommen wir jetzt nämlich.

Selbstreflexion und Fakten

Klären Sie ab, am besten mit schriftlichen Notizen, welche Verhaltensweisen Ihres Kindes Sie zur Weißglut bringen. Schreiben Sie sie auf und notieren Sie, welche bereits geschehenen Situationen, in Bezug auf jeden einzelnen Punkt, Ihnen einfallen. Betrachten Sie dann jede dieser Situationen im Nachhinein und versuchen Sie, Vermutungen und Thesen aufzustellen:

- Was war sonst noch so an dem Tag los?!
- Wie habe ich reagiert?!
- War diese Reaktion aus jetziger Sicht verhältnismäßig?!
- Hat mich vielleicht noch etwas anderes an dem Tag derart beeinflusst (siehe erste Frage)?!
- Inwiefern habe ich mich selbst hineingesteigert, inwiefern war es mein Kind?!
- Wie hat mein Kind auf meine Reaktion reagiert?!
- Wie sinnvoll war mein Handeln?!
- Was könnte es mit meinem Kind gemacht haben?!
- Wie würde ich jetzt reagieren und was würde ich ändern, wenn ich in der Zeit zurückreisen könnte?!

- Wie möchte ich in Zukunft reagieren und wie kann ich dieses Ziel erreichen?!

Unmissverständliche Kommunikation

Wie wir bereits wissen, entstehen gewisse Konflikte einfach nur durch Missverständnisse, weshalb es wichtig ist, in akuter Situation sowie zur Prävention/Nachbereitung, eine klare Kommunikation zu führen. Hierzu habe ich für Sie ein paar Tipps:

Verbal und nonverbal

Es kann wissenschaftlich erklärt werden, warum es oft nichts bringt, sich den Mund fusselig zu reden. Laut Wissenschaftlern laufen nämlich 55% der Kommunikation über die Körpersprache, also über unsere Gestik und Mimik. 38% machen den Klang der Stimme und die Art des verbalen Ausdrucks aus, und nur etwa 7% übermitteln den Inhalt des Gesagten. Oft passen die verschiedenen Arten der Kommunikation nicht zusammen und verwirren unser Gegenüber, in dem Fall das Kind. Und weil Kinder besonders feine Antennen haben, ist das in diesem Zusammenhang ein sehr wichtiger Punkt. Sie spüren nämlich in der Regel, wenn z.B. die Körpersprache nicht zum Klang der Stimme passt.

Machen Sie klare Aussagen

Kommunikation ist ja an sich schon eine kompli-zierte Sache, mit der wir Erwachsenen ja schon un-tereinander oft hadern. Kinder haben viel weniger Erfahrung in Kommunikation und hadern gleich dreimal mit ihr. Statt: "In deinem Zimmer sieht es ja aus wie im Schweinestall!" sagen Sie lieber: "Räumst du bitte dein Zimmer noch heute auf, dann kannst du auch wieder besser darin spielen?!" Beim ersten Zitat werfen Sie einfach nur eine Fest-stellung in den Raum und hoffen, dass das Kind sich angesprochen fühlt und daraus die Information zieht, dass es sein Zimmer aufräumen soll. Bei vie-len Kindern mag das vielleicht klappen, aber längst nicht bei allen. Es könnte auch einfach nicht inter-pretieren und nur Ihre Beobachtung trocken bestä-tigen. Das könnten Sie wieder als frech auffassen, und schon hätten wir wieder die Grundbausteine ei-ner Konfliktsituation.

Vermeiden Sie das Wörtchen "nicht"

Tatsächlich ist das Gehirn so programmiert, dass das "nicht" in einer Aussage tendenziell ignoriert wird. Vor allem bei Kindern ist das auffällig. Anstatt: "Lauf nicht so schnell!" sagen Sie lieber: "Lauf bitte langsamer!". Das Gehirn des Kindes neigt bei erstem Zitat dazu, zu verstehen: "Lauf so schnell!". Beim Alternativ - Zitat gibt es keinen Raum für Missverständnisse, es kann nur verstehen, was auch gesagt wird.

Durch Worte, die wir hören, bilden wir uns in der Regel eine Vorstellung (Beispiel: der rosa Elefant, den wir uns nicht vorstellen sollen). Das "Nicht" macht dabei keinen Sinn und kann nicht derart interpretiert werden, fällt also, vor allem bei Kindern, oft als irrelevant weg. Immerhin haben Kinder nicht die kognitiven Fähigkeiten, die ein normal entwickelter Erwachsener hat. Eine davon (bis zu einem gewissen Alter nicht oder nicht ausreichend vorhanden) ist die, das "Nicht" in seiner Bedeutung für den Zusammenhang zu verstehen und als relevant einzustufen. Allerdings nur, wenn auch der Rest des Satzes Sinn macht und in unsere Lebenswirklichkeit passt. Beim rosa Elefanten können auch wir Erwachsenen in der Regel nicht anders, als ihn uns vorzustellen.

Welcher "Man" denn?!

Wenn Sie zu einem Kind sagen: "Das macht man nicht!, wird das Kind sich vielleicht fragen, was dieser "Man" eigentlich mit ihm zu tun hat. Vermeiden Sie also auch das verallgemeinernde Wörtchen "man", denn es macht im privaten Kontext keinen Sinn, und schon gar nicht im Umgang mit den eigenen Kindern. Lieber sagen Sie: "Ich möchte nicht, dass du ... !", so fühlt sich das Kind auch angesprochen. Oder erklären Sie Ihrem Kind zumindest direkt nach dem "man", warum es etwas nicht machen soll. Genauso sind übertrieben höfliche Ausdrucksweisen nichts für die Kommunikation mit Kindern. Das könnte Kinder irritieren, besonders kleinere, weshalb auch hier klare aber freundliche Aussagen besser sind. Nicht "Würde es dir etwas ausmachen, wenn du ...?", sondern "Kannst du bitte ...!?" oder "Gib mir bitte ...!".

Setzen Sie die Macht Ihrer Gedanken ein

Auch die kognitive Umstrukturierung braucht Zeit und Übung. Hier 2 Übungen/Methoden, die Ihnen dabei helfen können. Sie werden so oder so ähnlich in der kognitiven Verhaltenstherapie angewandt (nur 2 von vielen):

Der sokratische Dialog

In der Klienten - Therapeuten - Beziehung findet das Ganze im sich nach und nach aufbauenden Dialog statt. Für sich alleine können Sie trotzdem von der Art der Fragestellung profitieren, indem Sie sich die Fragen notieren und dort Lücken lassen, wo auf die vorangegangene Antwort eingegangen wird. Gerne können Sie hierfür auch mit Ihrem Partner/dem anderen Elternteil oder jemandem (anderen) Vertrauten zusammenarbeiten. Derjenige kann Ihnen die Fragen dann vorlesen bzw. stellen, natürlich mit gefüllten Lücken.

Das Beispiel und diese Übung beziehen sich auf die kognitive Umstrukturierung allgemein und nicht auf eine akute Situation. Je öfter und regelmäßiger Sie diese Übung durchführen, desto mehr wird sie verinnerlicht, und das wirkt sich auch auf Ihre Fähigkeit zur besseren Emotionsregulation in akuten Situationen aus. Das Gespräch ist auf jedes Gefühl und jeden Gedanken anwendbar.

Beispiel als Therapie - Dialog: "Ich bin ein schlechter Vater, weil ich manchmal die Nerven verliere und laut werde!"

Wie fühlst du dich, wenn du das denkst?

Als wäre ich ein Versager. Ich ärgere mich über mich selbst und mache mir Vorwürfe.

Du denkst also, du seist ein schlechter Vater, fühlst dich dabei als Versager, du ärgerst dich und machst dir Vorwürfe. Was ist der Beweis für diese Annahme?

Ich habe das Gefühl, dass ich meinem Kind damit schade, bekomme diese Ausrutscher aber einfach irgendwie nicht in den Griff.

Okay. Was noch?

Ich habe mein Kind damit jedes Mal zum Weinen gebracht, und das kann ja nicht gut sein.

Gibt es noch andere Belege dafür, dass du ein schlechter Vater bist?

Ich arbeite viel und habe wenig Zeit für meine Familie. Wenn ich abends nach Hause komme, sind meine Kinder schon im Bett. So richtig sehen wir uns immer nur am Wochenende und wenn ich mal

Urlaub habe. Ich habe den Eindruck, dass die anderen Väter um mich herum das alle besser hinkriegen.

Das sehen wir uns gleich genauer an. Gibt es denn noch etwas, das das Ganze belegen könnte?

Nein, da fällt mir gerade nichts mehr ein.

Gibt es auch Beweise, die darauf hindeuten könnten, dass du doch kein so schlechter Vater bist?

Ja schon. Ich sage ihnen regelmäßig, wie lieb ich sie habe. Zudem mache ich am Wochenende gerne mit ihnen Ausflüge, wenn es die Zeit erlaubt. Es macht mich glücklich, wenn ich meine Kinder glücklich sehe.

Gibt es noch mehr Beweise dafür, dass du auch ein guter Vater bist?

Ich weiß nicht, also ich koche auch manchmal mit ihnen zusammen und versuche dabei, ihnen etwas beizubringen.

Und was wäre das Schlimmste, was passieren könnte, wenn dir diese Annahme jemand anderes bestätigen würde?
Dass ich mich sehr schlecht fühlen würde.

Und glaubst du, du würdest das überleben?

Ja natürlich. Wahrscheinlich wäre ich eine Weile ganz schön down, aber ich glaube, dass ich das nicht auf mir sitzen lassen würde.

Und was wäre das Beste, was in Bezug auf diesen Gedanken passieren könnte?

Natürlich, wenn mir meine Kinder selbst mitteilen oder signalisieren würden, dass sie mich für einen guten Vater halten.

Könnte es sein, dass deine Kinder dir das schon signalisieren, du diese Botschaft aber nicht so wahrnimmst?

Das ist natürlich möglich, da sollte ich vielleicht in Zukunft mehr drauf achten.

Was wäre realistischer: Dass du ein schlechter oder ein guter Vater bist? (Anhand der eben gesammelten "Beweise")

Naja, die guten Aspekte überwiegen ja schon irgendwie, also bin ich vielleicht zu 70 Prozent ein guter Vater, und zu 30 Prozent ein schlechter.
Was passiert, wenn du den Anfangsgedanken nochmal auffasst?

Ich bekomme sofort wieder die negativen Gedanken und Gefühle.

Und was passiert, wenn du dir vorstellst, dass sich diese Annahme ins Positive wendet und du mit dir als Vater zufriedener sein könntest?

Wahrscheinlich würde ich lockerer mit schwierigen Situationen umgehen können, weil ich mir nicht so einen Druck machen würde, alles richtig machen zu wollen. Ich könnte vielleicht auch stolz auf mich sein.

Erstellen von eigenen ABC – Schemata

Sie haben das ABC - Schema bereits kennengelernt, und auch schon einen Anreiz bekommen, eine eigene ABC - Abfolge zu erstellen. Führen Sie das weiter und beginnen Sie damit am besten mit Beispielen, die Sie sich frei ausdenken. Dazu können Sie beispielsweise Charaktere aus Filmen, Büchern oder Hörspielen verwenden. Das bringt Übung. Denn natürlich sollen Sie am Ende sich selbst analysieren, indem Sie zum einen sich bestimmte realistische Situationen mit Ihrem Kind vorstellen, und zum anderen natürlich nach einer tatsächlich geschehenen Situation reflektieren. Das B, also Ihre Gedanken und Interpretationen, können Sie dann auch als Anlass nehmen, die Methode des sokratischen Dialogs anzuwenden. Ihre Gedanken sollen sich so verändern, dass sie Sie nicht mehr negativ, sondern positiv, beeinflussen.

Tipps zur Anwendung bei akuter Wut

Beachten Sie die 4 Phasen der Wut

Die habe ich Ihnen ja bereits ausführlich vorgestellt. Nun geht es darum, diese auch tatsächlich zu verinnerlichen, um später so früh wie möglich das Aufkommen von Wut zu bemerken. Denn erst dann können wir, logischerweise, eingreifen. Suchen Sie dafür Indizien und Beweise für jede einzelne Phase und ordnen Sie sie auch tatsächlich diesen zu. Das geht natürlich nur über die anschließende Reflexion bzw. die Erinnerung an Ihre Gefühle und Gedanken in bestimmten Situationen. Dabei könnte Ihnen vielleicht das ABC - Schema, ebenso wie der Dialog, weiterhelfen. Das bedeutet viel Achtsamkeit in den jeweiligen Situationen. Nehmen Sie ein triggerndes Verhalten Ihres Kindes als Signalpunkt und richten Sie ab da Ihren Fokus auf die Achtsamkeit in Bezug auf Ihr Empfinden und die Situation. Vorher sollten Sie natürlich analysieren, welches Verhalten Ihres Kindes Sie eigentlich so reizt. Schreiben Sie sie auf, denn oft werden einem die Dinge erst klar, wenn man sie Schwarz auf Weiß vor sich sieht. Gut möglich, dass Ihnen der ein oder andere Punkt aus Ihrer, in dem Moment, relativ neutralen Sichtweise banal oder gar nicht so schlimm vorkommt. Diese Methode hilft Ihnen auch später bei der Selbstreflexion. Das beste Ergebnis, das Sie erzielen können, ist, wenn Sie die Wut schon in der 1. Phase (der Signalphase) erkennen und dementsprechend reagieren.

Wichtig: *Bei all der Achtsamkeit in Bezug auf die eigenen Gefühle sollten Sie natürlich nicht vergessen, dass Sie eine Verantwortung für das Wohlergehen Ihres Kindes tragen. Deshalb sollten Sie je nach Situation und Umgebung natürlich nicht völlig in sich und der Situation versinken, und auch noch ein Auge auf (z.B.) die Sicherheit werfen.*

Denken Sie sich ein Mantra aus

Ein Mantra kann tatsächlich sehr hilfreich sein, denn es blockiert quasi den negativen Gedankenfluss. So ein Mantra kann z.B. sein: "Ich rege mich jetzt nicht auf", "Ich bin die Ruhe selbst" oder "Das reizt mich gar nicht". Bei akuter Wut sagen Sie sich dieses Mantra so lange innerlich vor, bis die Wut soweit verflogen ist, dass Sie nicht mehr Gefahr laufen, auszurasten. Also im Grunde, über die Eskalationsphase hinweg sind. Auch das wird aber natürlich Übung brauchen.

Rationalisieren Sie

Anstatt auf der Gefühlsebene zu reagieren, bedienen Sie sich Ihres Verstandes und analysieren das Verhalten Ihres Kindes. "Okay, sie/er tut nicht, was ich sage. Das kennen wir ja schon. Anscheinend ist ihr/ihm das Spielen gerade wichtiger, als meine Angelegenheit. Gut, wer kann es ihr/ihm verübeln, immerhin haben Kinder von Natur aus andere Prioritäten, als Erwachsene. Trotzdem kommen wir nicht drum herum, jetzt los zu gehen, sonst komme ich zu spät. Nächstes Mal sollte ich vielleicht noch früher darauf hinweisen, dass wir bald los müssen. Naja, jetzt werde ich es ihr/ihm nochmal ruhig erklären, warum wir gehen müssen. Und wenn ich doch zu spät kommen sollte, dann ist es halt so. Immerhin gab es einen triftigen Grund. Nächstes Mal wird das nicht mehr passieren, da ich früher handeln werde. Aus Situationen lernt man. Davon wird die Welt schon nicht untergehen!"

Zum einen funktioniert diese Methode in ihrem Grundprinzip ebenso wie das Mantra, zum anderen hilft das Rationalisieren dabei, die Dinge aus einer nüchternen Perspektive zu betrachten.

Verlassen Sie die Situation (wenn möglich)

Tatsächlich kann diese einfache Strategie Wunder bewirken. Damit nehmen wir uns aus der Situation heraus und sind nicht mehr den direkten Reizen ausgesetzt. So können sich die Gemüter beruhigen. Natürlich aber nur, wenn die Situation an einem Ort stattfindet, an dem Sie das Kind auch allein lassen können. Nach dem Verlassen sollten Sie etwas in dieser Angelegenheit Sinnvolles tun. Beispielsweise können Sie sich vor den nächstbesten Spiegel oder eine reflektierende Glasscheibe stellen und Grimassen ziehen. Bringen Sie sich selbst irgendwie zum Lachen und helfen Sie sich damit, sich selbst nicht mehr so ernst zu nehmen. Denn wir nehmen uns in Situationen, in denen wir wütend werden, äußerst ernst. In Gefahrensituationen sehr sinnvoll, Früher bei unseren Vorfahren sehr sinnvoll, überhaupt nicht sinnvoll in Situationen wie dieser hier. Wenn Sie sich vor solchen komischen Methoden scheuen, dann können auch künstlich hochgezogene Mundwinkel schon etwas bewirken.

Daneben können Sie auch einfach ein Glas Wasser trinken, denn das beruhigt tatsächlich schon das Gemüt. Füllen Sie sich ein Glas mit stillem Wasser und trinken Sie es langsam aus. Stellen Sie sich

dabei vor, wie dieses ruhige stille Wasser Ihren Körper flutet und das "still" beruhigend auf Sie einwirkt. Zudem aktiviert der Schluckreflex den Parasympathikus (Teil des vegetativen Nervensystems), der auch "Erholungsnerv" genannt wird. Dadurch wird der Körper auf Ruhe und Erholung eingestimmt.
Erst dann begeben Sie sich langsam wieder in die Situation.

Atmen Sie die Wut weg

Genau wie die Angst, kann auch die Wut weg geatmet werden. Bei Wut eignet sich z.B. die 3-4-6 - Methode, bei der Sie ruhig 3 Sekunden lang tief einatmen, die Luft für 4 Sekunden anhalten und sie dann für 6 Sekunden komplett ausatmen. Diese Übung können Sie so lange wiederholen, bis Sie das Gefühl haben, die Wut sei verfolgen.

Nicht verdrängen, aufschieben

Dass es kontraproduktiv ist, seine Wut einfach nur zu verdrängen, wissen wir ja bereits. Deshalb sollten Sie sie auch viel lieber verschieben, auf einen Zeitpunkt, der Ihnen besser passt. Machen Sie Ihrem inneren Kind klar, dass es auf jeden Fall noch zum Zuge kommt und wütend sein darf, jedoch nicht jetzt und nicht in dieser Situation. "Später, so um 16:00 Uhr (z.B.), nehme ich mir für dich Zeit, und dann beschäftigen wir uns mit dem, was dich so ärgert!" Später ist dann meist gar kein Gefühlsausbruch mehr nötig, wodurch die Wut auf ruhige Weise verarbeitet werden kann (oft reicht dafür schon die gewöhnliche Reflexion aus).

Spannen Sie den Körper an

Auch wenn es sich paradox liest, tatsächlich hilft gegen innere Anspannung, die Anspannung des Körpers. Spannen Sie also Ihre Muskeln bewusst für ein paar Sekunden an und lassen Sie dann wieder ruckartig locker. Vom Gesicht bis zu den Zehen können Sie alles durchmachen. Das hat zum einen den Effekt, dass Sie sich mehr auf das konzentrieren und so auch etwas von Ihrer Wut abgelenkt sind. Zum anderen sorgt die ruckartige Entspannung der Muskeln natürlich auch für etwas mehr allgemeine Entspannung. Es hat einen erleichternden Effekt.

Durchsetzungsvermögen

Wenn Eltern anfangen, laut zu werden, ist das nicht selten auch ein Zeichen von Hilflosigkeit. Das wissen wir. Und die entsteht, wenn man nicht weiß, was man tun soll. Oft steckt dahinter der Mangel an Durchsetzungsvermögen. Wer sich wirklich gut durchsetzen kann, der braucht eigentlich kein Geschrei dafür. Der kann das auch mit ruhiger Stimme. Hier beginnt die Fähigkeit zur ruhigen Bestimmtheit.

Die folgenden Tipps beziehen sich auf das grundsätzliche Durchsetzen in der Erziehung und nicht auf eine bestimmte Situation. Auch Strafen werden dabei Thema sein. Eben alles, was sich negativ auf das Verhalten Ihres Kindes, auf Ihr eigenes Verhalten sowie auf Ihre Beziehung zueinander auswirken kann, wenn es in eine irrationale und/oder destruktive Richtung geht. Hier sind 3 große und wesentliche Tipps:

Klare Absprachen

In vielen Familie ist es Gang und Gäbe, dass die Eltern die Regeln aufstellen, und die Kinder sich daran halten sollen. Und nicht immer werden die Kinder auch tatsächlich klar und deutlich über die Regeln in Kenntnis gesetzt. Es wird also in diesem Falle einfach davon ausgegangen, dass die Kinder die Regeln kennen. Eben weil sie für die Eltern so selbstverständlich sind. Aber Kinder werden nicht mit dem Bewusstsein geboren, was sich gehört, und was nicht. Und schon gar nicht mit dem Bewusstsein dafür, was in der Welt ihrer Eltern "Hui" oder "Pfui" ist. Sie müssen es beigebracht bekommen, und zwar nicht, wenn sie schon unwissentlich ins Fettnäpfchen getreten sind. Und so sind wir wieder bei den verschiedenen Welten. Oft sind sich die Eltern ja nicht einmal untereinander einig, weshalb sich auch die Frage stellt, wie sich ein Kind da noch zurechtfinden soll. Immerhin haben Elternteile ja ebenfalls ihre jeweils eigenen Welten. Zudem haben Kinder es relativ schnell raus, wie sie ihre Eltern gegeneinander ausspielen können, was nicht zuletzt auch mit den verschiedenen Welten zu tun hat.

Deshalb sind klare Absprachen so wichtig, um auf einen Nenner zu kommen. Somit verhindern Sie, dass Sie Ihre Kinder einfach übergehen, dass Sie von ihnen ausgespielt werden und dass es zu Missverständnissen zwischen allen Beteiligten kommt. Keiner hat es gern, übergangen zu werden, auch Kinder nicht. Das erzeugt natürlich Unmut. Der Mensch neigt generell dazu, sich gegen etwas zu sträuben, das ihm einfach vorgesetzt wird, ohne ihn zu fragen, ob er damit einverstanden ist. Er neigt aber auch dazu, sich eher an Regeln zu halten, die er selbst mitbestimmen durfte. Warum das nicht einfach zur gewinnbringenden Kindererziehung nutzen?!

Setzen Sie sich also alle zusammen an einen Tisch und beantworten Sie gemeinsam folgende Fragen (erklären Sie den Kindern, natürlich altersgerecht, jeden Punkt und jede einzelne Regel, damit sie verstehen, warum diese wichtig ist):

Was brauchen wir für Regeln, um friedlich zusammen leben zu können?!

Für jede Regel die Fragen:

- Was sollten wir nicht tun?!
- Was sollten wir tun?!
- Was passiert, wenn wir uns nicht an die Regel halten?!
- Was passiert, wenn wir uns an die Regel halten?!

Dabei ist es ganz wichtig, dass die Regeln für alle, auch für die Eltern selbst, gelten. Natürlich aber nur, wenn sie auch alle betreffen. Hausaufgaben zu diesem und jenem Zeitpunkt ist z.B. vorrangig eine Regel für die Kinder, wobei natürlich auch oft die Hilfe der Eltern gefragt ist. Und auch ist es wichtig, dass das "wir" benutzt wird, und das Ganze sich nicht mit "ihr" oder "du" nur an die Kinder wendet. Schreiben Sie das Ganze auf ein schönes Plakat, lassen Sie die Kinder oder das Kind das Plakat noch schön gestalten (vielleicht mit passenden Symbolen oder Bildchen für jede Regel). Dabei können Sie gern unterstützend mithelfen. Das Poster hängen Sie dann an eine gut sichtbare Stelle. In kritischen Situationen können Sie das Kind z.B. auch auf das Plakat verweisen.

Logische und nachvollziehbare Konsequenzen/Maßnahmen

Diese möglichen Konsequenzen halten Sie in der Fragestellung und der entsprechenden Beantwortung auf Ihrem Poster fest. Das Kind weiß genau, was auf es zukommt. Es gibt keine willkürlichen Bestrafungen, sondern das, was von Anfang besprochen war und logisch in Verbindung mit dem "Vergehen" ist. Falls Sie als Elternteil irgendwann feststellen sollten, dass Sie einen Punkt auf dem Plakat ergänzen oder ersetzen würden, dann besprechen Sie auch das.

Beispiel für eine Regel: "Hausaufgaben werden nach Möglichkeit sofort nach der Schule/dem Mittagessen erledigt!"

Die logische Konsequenz daraus, dass die Regel nicht eingehalten wird: Es wird solange nicht gespielt oder sich mit Freunden getroffen, bis die Hausaufgaben gemacht sind.

Die logische Konsequenz daraus, dass die Regel eingehalten wird: Die Hausaufgaben sind geschafft und der restliche Tag ist offen.

Die Kinder sollten immer auch lernen und erkennen, was ihnen das Einhalten von Regeln persönlich Positives bringt. Und natürlich auch, dass das Nichteinhalten dieser ihnen das Leben nur unnötig schwer macht. Regeln sollen als sinnvoll und hilfreich, als Halt - gebende Struktur, empfunden werden, und nicht als Störfaktor, der einen nur in seiner Freiheit einschränkt.

Zieht eine logische Konsequenz bei Nichteinhalten jedoch nicht, dann sind auch manchmal konsequentere Maßnahmen nötig.

Z. B. könnte das sein (in ruhigem aber ernstem Ton): " Okay, Lisa. Es ist jetzt 19:00 Uhr, und du hast deine Hausaufgaben immer noch nicht gemacht. Du hast lange genug Zeit gehabt, die logische negative Konsequenz zu durchbrechen. Die Chance hast du nicht wahrgenommen. Dann werden die Hausaufgaben eben nicht gemacht, das ist jetzt nicht mehr mein Problem, sondern nur deins. Damit hast du dich nur selbst bestraft, indem du den ganzen Tag nicht mit den anderen spielen durftest. Dass du deine Hausaufgaben nicht gemacht hast, wird deinem Lehrer nicht gefallen!" Entweder Ihr Kind sieht es dann ein und macht die Hausaufgaben noch um diese späte Uhrzeit, oder es wird am nächsten Tag die logische Konsequenz durch einen Rüffel des Lehrers erfahren. So oder so lassen Sie damit eine elegante Form der Bestrafung walten. Sie konfrontieren das Kind geschickt und einleuchtend mit den negativen Konsequenzen seines Verhaltens und lassen gleichzeitig die Reihe der Konsequenzen einfach weiterlaufen. Es ist nun an dem Kind, Einsicht zu zeigen und den Lernprozess abzuschließen. So hat es für die nächste ähnliche Situation auf alle Fälle dazu gelernt. Die moralisch vertretbare Art, ein Kind ins "Messer" laufen zu lassen.

Das ist wie bei einem Baby, das Laufen lernt. Es fällt hin und steht wieder auf, daraus lernt es. Ein Kind, das z.B. sprichwörtlich in Watte gepackt wird, lernt auch sehr viel nicht, weil es viele Erfahrungen nicht machen darf. Aber ein Kind lernt doch erst durch die Erfahrung, dass etwas nicht gut (oder gut) ist, und demnach auch lieber in Zukunft vermieden werden sollte.

"Ich sollte meine Hausaufgaben vielleicht morgen/heute doch lieber gleich machen, dann kann ich danach mit meinen Freunden spielen und muss nicht immer daran denken, dass ich ja noch Hausaufgaben machen muss. Außerdem ist es nicht so schön, wenn der Lehrer mich ohne Hausaufgaben erwischt!"

Altersentsprechende Maßnahmen

Nun bezieht sich dieses Buch ja vorrangig auf jüngere Kinder, allerdings möchte ich diesen Punkt hier keinesfalls außen vor lassen. Es ist ganz wichtig, dass Kinder und Jugendliche sich ernst genommen fühlen. Und dazu gehört auch, dass die Maßnahmen und das Verhalten der Eltern dem jeweiligen Entwicklungsalter angepasst sind. Wenn Kinder sich von ihren Eltern nicht ernst genommen fühlen, kann es ganz schnell passieren, dass sie damit beginnen, ihre Eltern weniger ernst zu nehmen. Je älter die Kinder sind, desto deutlicher wird das. Auch das, eine logische Konsequenz. Zieht sich eine Bevormundung z.B. durch die ganze Kindheit, kann es gut sein, dass der dann Jugendliche allmählich den Respekt vor seinen Eltern verliert bzw. einen Mangel an Respekt vor diesen aufweist. Und das ist ein Beziehungsschaden, der oft nicht mehr zu beheben, höchstens notdürftig zu flicken, ist.

Mit Gelassenheit erziehen

Die innere Haltung ist das A und O

Wenn Sie auf eine Situation nicht eingestellt sind oder sich gegen sie wehren, erzeugt das, wie wir bereits wissen, schnell Ärger bis Wut. Doch vieles lässt sich, zumindest in dem Moment, nicht ändern. Akzeptieren Sie Dinge, die sich nicht ändern lassen, so lange, bis sie sich ändern lassen. Und wenn sie sich nie ändern lassen werden, dann akzeptieren Sie auch das und arbeiten Sie damit. Sind Sie gerade im Stress?! Dann sagen Sie sich: "So ist es jetzt eben, aber morgen wird es bestimmt wieder anders!". Haben Sie generell das Problem, sich schnell aufzuregen, dann akzeptieren Sie das als Teil von Ihnen und beginnen Sie damit, daran zu arbeiten. Wenn Sie z.B. eine unheilbare Krankheit haben, können Sie das natürlich nicht ändern. Aber auch damit müssen Sie ja irgendwie umgehen. Hier heißt es dann, das Beste draus zu machen. Diese innere Haltung, Grundeinstellung, führt irgendwann automatisch dazu, dass Ihnen viele Situationen, die Sie Früher zur Weißglut treiben konnten, nicht mehr so viel ausmachen.

Setzen Sie sich realistische Ziele und vergleichen Sie sich nicht

Realisieren Sie, dass Sie nicht Ihr ganzes Leben in einer Situation verbringen und dass sich Ihre Maßstäbe verändern. Akzeptieren Sie, dass das Leben mit Kindern nun mal ganz andere Anforderungen stellt, ganz andere Maßstäbe setzt, als es im Leben Ihres 8 Jahre jüngeren Ich's (je nach Alter Ihrer Kinder) der Fall war. Übertragen Sie diese Erkenntnis auch auf andere Menschen, um zu vermeiden, dass Sie sich mit diesen vergleichen.

Natürlich hat die kinderlose Single - Nachbarin in "Windeseile" Karriere gemacht und ist jetzt sogar Abteilungsleiterin einer noblen Modekette, während Sie, im Übrigen 5 Jahre älter, immer noch eine kleine Angestellte sind. Beide Lebensentwürfe sind aber nicht miteinander zu vergleichen und haben ganz verschiedene Maßstäbe sowie Schwerpunkte. Bleiben Sie daher bei sich und Ihrer Familie, und setzen Sie dazu passende Ziele, die Sie auch erreichen können. Das nimmt Druck und bringt mehr Gelassenheit. Dann sind Sie eben mal 5 Minuten zu spät dran, immerhin haben Sie gerade noch ein Kind "bändigen" müssen. Das ist, solange es nicht die Regel wird, völlig normal und sollte mit Verständnis aufgenommen werden.

Vergleichen Sie sich aber auch nicht mit anderen Eltern, denn auch sie haben andere Maßstäbe: Deren Kind hat vielleicht einen anderen Charakter, ist vielleicht von Natur aus eher zurückhaltend, sie haben vielleicht ganz andere Lebensumstände, sie haben selbst ganz eigene Charaktere (und ihre inneren Kinder andere Inhalte), etc..

Seien Sie offen für Alternativen

Wir Menschen haben das Bedürfnis nach Sicherheit in jeglicher Hinsicht, und mitunter versuchen wir, uns diese zu garantieren, indem wir daran glauben, dass alles nach Plan laufen wird. Wenn es dann doch anders kommt, dann ist die Überforderung und damit auch die Wut/der Ärger nicht weit. Verinnerlichen Sie die Tatsache, dass nicht immer alles nach Plan laufen muss, und dass Offenheit für Alternativen mehr Gelassenheit mit sich bringt und großes Potenzial in sich birgt. Planen Sie z.B. als Übung einen Familienausflug einfach nur in den Rahmen - Punkten wie Abfahrt und Ankunft, sowie natürlich Ort und Proviant. Alles andere lassen Sie auf sich zukommen, mit der Einstellung, dass alles kommen kann, was da kommen mag. Das bietet die Chance, neues zu erleben, und zu lernen, dass Sie sehr wohl in der Lage sind, spontan zu reagieren, ohne die Fassung zu verlieren. Habe Sie diese positiven Erfahrungen ein paar Mal gemacht, lernt Ihr Gehirn daraus. Denn das Gehirn lernt auch durch das, was funktioniert, und nicht nur durch das, was nicht funktioniert.

3 typische Situationen

Vorweg: *Ich spreche auch das Thema Hochsensibilität an. Bei hochsensiblen Menschen entsteht schneller eine Reizüberflutung, da sie reizoffen sind. Das bedeutet, dass die Mechanismen, die dafür sorgen, dass eben Reize gefiltert werden, nicht richtig funktionieren, oder nicht vorhanden sind. Oft sticht dabei ein Sinnesorgan besonders heraus. Hochsensibilität bezieht sich aber auch auf die seelische Verletzlichkeit sowie die Intensität der Gefühle/Emotionen. Bei den meisten Betroffenen bezieht sich die Hochsensibilität sowohl auf die Sinnesorgane, als auch auf ihr Gemüt. In verschiedener Gewichtung. Sollten Sie nun den Verdacht haben, Ihr Kind könnte betroffen sein, dann sollten Sie das abklären lassen. Ihr erster Gang sollte dabei der zum Kinderarzt sein. Auch wenn Hochsensibilität keine Krankheit ist, müssen vorher alle körperlichen Ursachen für Verhaltensweisen abgeklärt werden. Wenn da nichts gefunden wird, können Sie sich näher mit der Hochsensibilität beschäftigen.*

Wenn Sie sich für das Thema interessieren, möchte ich Ihnen meinen Ratgeber „Ich bin nicht anstrengend, ich bin HOCHSENSIBEL!“ speziell zu diesem Thema empfehlen.

Das Anziehen

Es ist jeden Morgen eines Wochentages das Gleiche. Das Kind muss für den Kindergarten oder die Vorschule gerichtet werden. Nun gibt es Kinder, die das Anziehen anscheinend nicht mögen, denn sie verführen regelmäßig ein riesiges Theater, wenn es ums Anziehen geht. Besonders hochsensible Kinder empfinden Kleidung oft als störend, weil sie die Haut berührt und somit deren Nervenzellen aktiviert. Da hochsensible Kinder alle möglichen Reize viel stärker wahrnehmen, als andere, ist es nur verständlich, dass Kleidung da störend sein kann. Aber auch nicht hochsensible Kinder können sich am Anziehen stören, aus den verschiedensten Gründen. Vielleicht verbindet es das Anziehen mit einem Ereignis, das es belastet (z.B. wenn es im Kindergarten geärgert wird und das Anziehen bedeutet: "Ich muss in den Kindergarten!"). Weil sie sich anders in der Regel noch nicht deutlich ausdrücken können, liegt die Verweigerung oder gar der Wutanfall am nächsten. Und damit stellt Ihr Kind Sie auf eine harte Probe, vor allem Ihre Nerven.

Aber wie reagieren?! Immerhin müssen Sie bald los. Was Sie jetzt auf keinen Fall tun sollten, ist, es Ihrem Kind gleich zu tun. Wenn Sie laut werden, sind sie mit Ihrem Verhalten auf dem gleichen Level wie Ihr Kind. Und damit können Sie nicht gewinnen. Deshalb ist es ganz wichtig, dass Sie sich in dem Moment auf die Tipps und Methoden zu besinnen, die Sie hier mitbekommen haben. Nur, wenn Sie sich auf die rationale Ebene begeben, haben Sie eine Chance, dass alle aus dieser Situation im positiven Sinne lernen können.

Das Trödeln

Wer kennt es nicht?! Das Kind scheint heute wieder besonders langsam zu sein. Es kommt Ihnen vor, als mache es das aus Absicht, um Sie zu ärgern. Fast schon in Zeitlupe wird das Frühstück verzehrt, ebenso langsam werden Jacke und Schuhe angezogen. Und dann fällt dem Kind auch noch ein, dass es in seinem Zimmer etwas vergessen hat, rennt zurück, ... und kommt ewig nicht wieder. Sie gehen ins Kinderzimmer und erwischen Ihren Schützling dabei, wie er doch tatsächlich auf dem Boden sitzt und Lego spielt.

Da kann einem schon mal die Hutschnur hochgehen, zumal die Aktion mit dem Lego dem Ganzen ja noch die Krone aufsetzt. Aber auch hier soll gesagt sein: Dahinter steckt bestimmt kein Vorsatz und nichts, was gegen Sie geht. Vielleicht ist das Kind in unserem Beispiel einfach ein gemütlicher Typ, der sich nichts aus Eile macht. Oder einfach ein Träumer, der tatsächlich einfach nur etwas aus seinem Zimmer holen wollte, dabei aber schwach geworden ist, als seine Lego - Männchen ihn mit ihren treuen Augen angesehen haben. In den seltensten Fällen ist das etwas, was gegen den Erziehungsberechtigten geht. Das Kind lebt in seiner Welt. Bis zu einem gewissen Alter ist eine gewisse Selbstbezogenheit völlig normal, wodurch das Kind eben nicht immer daran denkt, wie andere ihr Verhalten empfinden könnten. Sie handeln vorrangig intuitiv.

Auch hier ist es wichtig, Ruhe zu bewahren, und das Ganze vielleicht sogar mit Humor zu nehmen. Ein bisschen skurril sind manche Situationen und Verhaltensweisen ja schon.

"Ich will aber noch nicht gehen!"

Eine weit verbreitete Situation zwischen Eltern und Kindern: Sie sind auf einer Geburtstagsparty und die Kinder haben hier so richtig Spaß. Dann ist es aber, laut Ihnen, Zeit, zu gehen. Und an dieser Stelle wird es oft schwierig. In ihrer Welt haben sie gerade den Spaß ihres Lebens, und da kommt dann einfach so ein Erwachsener daher, der ihnen diesen Moment "versauen" will. Sie sind bestimmt auch nicht gerade erfreut, wenn Ihnen jemand einen Strich durch die Rechnung zieht. Sie haben aber mehr Möglichkeiten, durch Ihre geistige Reife, die Sie Ihren Kindern in der Regel voraus haben, zu reagieren. Je jünger bzw. kleiner Kinder sind, desto eher leben und reagieren sie auf der emotionalen Ebene. Weil sie einfach noch keine andere effektive Möglichkeit haben, um an ihr Ziel zu kommen.

Auch in dieser Situation haben wir wieder die verschiedenen Welten mit ihren unterschiedlichen Prioritäten, die gerade kollidieren. Und so stehen Sie da vielleicht vor der Hüpfburg und wissen nicht, wie Sie das jetzt vernünftig anstellen sollen, dass das Kind sich endlich auf Ihre Welt einlässt. Die Gründe, warum Sie als Eltern meinen, jetzt gehen zu müssen, sind ganz individuell. Vielleicht ist es schon spät, und das Kind sollte schon längst im Bett sein, weil Sie am nächsten Morgen früh raus müssen. Vielleicht haben Sie noch einen Termin, den Sie einhalten müssen. Vielleicht haben Sie aber auch selbst einfach keine Lust mehr auf diese Party. Auf das alles kann Ihr Kind aber gerade vielleicht keine Rücksicht nehmen, weil es doch gerade so viel Spaß macht. Dieses Gefühl dominiert die Welt des Kindes, und das möchte es nicht missen. Da kommen Sie und grätschen einfach dazwischen.

Solchen Situationen kann aber vorgebeugt. Wenn möglich und schon vorher bekannt, setzen Sie das Kind schon vor dem Weg zum entsprechenden Anlass darüber in Kenntnis (natürlich altersgerecht), dass sie aber wahrscheinlich früher gehen müssen, als andere Kinder. Anstatt das Kind in dem Moment, in dem Sie gehen wollen, zu überfallen und aus seinem Paradies zu reißen, bereiten Sie es ruhig auch schon etwa eine Stunde vorher darauf vor. Gehen Sie vorher ein paar Mal hin und sagen Sie ihm, dass es sich so langsam auf's Gehen vorbereiten soll. Dass Sie nicht mehr lange bleiben werden. Vielleicht wird es trotzdem eine schwierige Reaktion geben, die aber wahrscheinlich weitaus weniger dramatisch ausfällt und leichter zu händeln ist, als die auf eine plötzliche Konfrontation.

Schlusswort

Was sich verändern wird, wenn Sie etwas ändern

- Sie werden entspannter sein!
- Ihr Kind wird entspannter Sein!
- Das Familienleben wird entspannter sein!
- Konfliktsituationen werden seltener vorkommen!
- Ihr Kind wird sich positiver entwickeln können!
- Das hier Gelernte wird sich auf Ihr ganzes Leben auswirken!

Schreien ist oft ein Ausdruck von Wut (aber auch unter Umständen von Angst/Schreck, Entsetzen oder Verzweiflung). Im Kontext "Eltern - Kind - Erziehung" ist es aber in der Regel die Wut, die uns inadäquat reagieren lässt. Wut ist meist mit anderen Gefühlen gekoppelt bzw. kann als Überbegriff angesehen werden. Dieser Überbegriff beinhaltet Enttäuschung und Hilflosigkeit als eigentlich dahinterstehende Gefühle, die sich eben durch die Wut kanalisieren. Eigentlich und ursprünglich diente die

Wut zur eigenen Verteidigung, worin sie mitunter auch heute noch viele Leben sowie Seelenleben rettet, jedoch ist sie oft auch nicht angemessen/verhältnismäßig der/zur Situation. So auch in Situationen zwischen Eltern und Kind.

Machen Sie sich klar, was es für ein Kind bedeutet, von der eigenen Mutter/dem eigenen Vater angeschrien, also im Grunde angegriffen, zu werden. Von einer der wichtigsten Personen in seinem Leben/Universum. Unabhängig davon, was das Kind getan hat. Böse Absichten haben die wenigsten Kinder, wollen es den Eltern eher recht machen.

Wenn Sie in der Erziehung laut werden, fühlen Sie sich entweder überfordert (also hilflos), enttäuscht (verletzt) oder angegriffen (und haben das Gefühl, sich verteidigen zu müssen). Diese Gefühle gilt es, unter Kontrolle zu halten, und zwar insofern, dass sie zwar da sein dürfen/sollen, jedoch nicht mehr die Macht über Sie und Ihre Reaktionen an sich reißen können.

Dabei sollen Sie keinesfalls Ihr Kind in Watte, am besten noch in Luftpolsterfolie, einwickeln, sondern viel eher einen Weg finden, gelassener zu werden und sich mit relativ ruhiger Stimme durchzusetzen. Schreien durch Bestimmtheit zu ersetzen, in Situationen, die autoritäre Erziehungsmethoden verlangen. Am Ende geht es nicht darum, Kinder für alles, was sie in unseren Augen "falsch" machen, zu bestrafen. Es geht darum, dass sie aus Situationen und Erlebnissen fürs Leben lernen. Wenn ein Kind angeschrien wird, lernt es nichts, was es im Leben weiterbringt. Viel eher trägt es, zumindest wenn das Schreien öfter/regelmäßig vorkommt, seelischen Schaden und somit Hindernisse davon, die ihm im weiteren Leben noch im Weg stehen werden.

Sowohl im Sinne Ihres Kindes, als auch im Sinne Ihrer Selbst sowie Ihrer Familie, tun Sie gut daran, sich in Ihrer Emotionsregulation, in ruhiger Bestimmtheit und unmissverständlicher Kommunikation zu üben. Wenn Sie das hinbekommen, kann es am Ende nur Gewinner geben!

Ganz wichtig ist dabei, dass Sie sich als Mensch mit Gefühlen betrachten. Und Menschen sind nun mal nicht perfekt, gerade weil sie Gefühle haben. Jedes Gefühl hat seinen Sinn und seine Daseinsberechtigung, weshalb Sie auf keinen Fall irgendeines davon unterdrücken sollten. Stellen Sie sich dazu Ihr eigenes inneres Kind vor, das Sie genauso behandeln sollten, wie Sie es in Zukunft mit Ihrem Kind vorhaben. Wenden Sie die Tipps, im übertragenen Sinne, nicht nur auf die Situation mit Ihrem Kind (auf Ihr Kind), sondern auch auf Ihr inneres Kind, an.

- Notizen -

- Notizen -

Impressum

ISBN: 9781082867255
Imprint: Independently published

1. Auflage

Kontakt über:
Michael Kubacki/ Lichtenbergerstr.6/ 45699 Herten
Coverfoto: https://de.123rf.com
Covergestaltung: Michael Kubacki

Printed in Germany
by Amazon Distribution
GmbH, Leipzig

16879285R00068